根井雅弘

英語原典で読む

シュンペーター

白水社

英語原典で読むシュンペーター

装画＝山内有記美　　　装幀＝コバヤシタケシ　　　組版＝鈴木さゆみ

目　次

はしがき

　本書は、『英語原典で読む経済学史』『英語原典で読む現代経済学』（ともに白水社より刊行）に続く、英語で経済学の古典を読むシリーズの三作目である。基本的なコンセプトは同じだが、本書は、もともと 2020 年がシュンペーター没後 70 年に当たることを意識して執筆された点で、前の二作とは若干目的意識が違うかもしれない。けれども、書き進めるうちにだんだん私の頭の中ではっきりしてきたのだが、シュンペーターをせめて英語で学んでみたいという意欲をもつ学生や社会人たちの要求に応えたいと思うようになった。

　もちろん、本書でメインに取り上げたシュンペーターの『経済発展の理論』がドイツ語で書かれており、その英訳をテキストに使わざるを得ないという制約があることは十分に承知している。英訳に必ずしも納得がいかない箇所もあるので、どうするべきか一瞬迷ったが、その本に限らず、シュンペーターがドイツ語で書いた著作や論文の多くは英訳されており、それらが英語圏の学界でも広く使われている事実に鑑みて、学術論文ではなく、「英語で経済学の古典を読みたい」という読者の要望に応えるのは十分に意味がある仕事のように思えた。

シュンペーターの英文は、彼の独文と同じように、文章が凝っている上に息が長いので（ハイフンの中の文章がけっこう長い）、必ずしも読みやすくはない。しかし、『経済発展の理論』の英訳版は、上の世代の話を聞くと、けっこう経済学部の英書講読の授業でもテキストに使われていたらしいので、これくらいの英文はいまの学生にも読めないはずはない。要求水準が高いと言われるかもしれないが、京都大学で30年も教えていると、標準以下のレベルの授業には彼らは愛想を尽かす傾向があるので、自分の方針は変える必要はないと思っている。

　さて、前の二作と同じように、本書も白水社の竹園公一朗氏の編集によって世に出ることになったことを心から喜びたい。数年前まで、このような英語続きの本を書くことなど、全く考えたことがなかったからだ。学生時代から、白水社はフランス語出版の老舗というイメージがあり、「英語」「経済学」と並んだ本を出せるとは予想だにしなかった。

　本書が、前の二作と同様に、英語で経済学の古典を学びたい人たちの案内書になることを切に願っている。

2020年10月31日

根井雅弘

序章

20世紀が生んだ天才的経済学者ヨゼフ・アロイス・シュンペーター（1883−1950）の人気は一向に衰えない。2020年は没後70年に当たる記念の年であった。おそらくいろいろな記念の式典が計画されただろうが（残念ながら、コロナ禍のためその多くは中止されたと思われる）、本書の目的はもっと控え目なものである。

　数年前から、私は、最近の学生に経済学の古典や重要文献を英語原典で読む訓練が不足していることを憂えて、数冊の本を書いてきたが、今回はシュンペーターの原典をテキストにこの試みを継続したいと思った。ただ、シュンペーターの著作のなかでも特に有名な『経済発展の理論』（初版1912年、第2版1926年）がドイツ語で書かれているという問題はある。大学生の頃、シュンペーターの華麗なドイツ語の文体に親しんだ者としては若干寂しいことだが、いまの標準的な大学生や大学院生（経済学専攻）に第二外国語の素養を前提にするのは困難を伴うので、英訳されたテキストかシュンペーター自身が英語で書いた文章に限定せざるを得ない。だが、どうしても気になる箇所があれば、注釈でドイツ語原文を引用して英訳との比較などを論評したいと思う。

　それにしても、わが国におけるシュンペーターの人気は根強いものがある。かくいう私も、青年時代にシュンペーターに魅了されて経済学研究を志したくらいだから、人気の高さはよくよくわ

かっているつもりである。だが、英雄的な企業家によるイノベーションの遂行が「創造的破壊」をもたらし、経済を劇的に進化させるというワンフレーズのみでシュンペーターを理解しようとするのは、ときに誤解を招きやすい。もう少し多面的な理解が必要である。そこで、本書では、『経済発展の理論』を中核に据えながらも、シュンペーターが折々に書いた文章から広くテキストを拾っていきたい。

　ところで、もうずいぶん昔の本だが、シュンペーター研究者が長く利用してきた文献がある。シュンペーターの死後まもなく編まれた次の本である。

Seymour E. Harris, ed., *Schumpeter: Social Scientist*, Harvard
　　University Press, 1951.（坂本二郎訳『シュムペーター：社会科学
　　者』東洋経済新報社、1955 年）

　この本のなかには、シュンペーターを若い頃から晩年に至るまでよく知っていた G・ハーバラーが書いた比較的長めの評伝が収められているのだが、ハーバラーがシュンペーター（とくに、その人となりについて）をあまりに好意的に紹介したために、ある種のバイアスを生むことになった。それはちょうど、ハロッド（R.F.Harrod）が世界で初めて書かれた『ケインズ伝』（*The Life of John Maynard Keynes*, 1951）のなかで、師であったケインズを理想化して描いたのに似ている。

　誤解を招かぬように急いで付け加えるが、ハーバラーの評伝は、シュンペーターの学問と人物について、詳細に記述したきわめて

質の高い文献であることは間違いない。だが、ハーバラーの記述
は、晩年の誰からも愛された古き良き時代の教師としてのシュン
ペーター像を読者に印象づけることに成功した反面、若い頃の野
心家としてのシュンペーターの側面（例えば、彼は政治やビジネス
の世界でも名声を得ようとした）や、必ずしも評判のよくなかった
人間関係（とくに、女性関係では彼の身勝手さが目立っていた）に目
を瞑る結果となった。このような事実は、1990年代以降に公刊
された詳細なシュンペーターの評伝で次々に明らかになっていっ
た。現代のシュンペーター研究者なら、おそらく次の三冊を熟読
してすでに知っているに違いない。

Robert Loring Allen, *Opening Doors: Life and Work of Joseph Schumpeter*, 2 vols., 1991.

Richard Swedberg, *Schumpeter: A Biography*, 1992.

Thomas K. McCraw, *Prophet of Innovation: Joseph Schumpeter and Creative Destruction*, 2010.（『シュンペーター伝』田村勝省訳、一灯舎、2010年）

　私は、アレンとスウェッドバーグの評伝を熟読した上で、かつ
て『シュンペーター：企業者精神・新結合・創造的破壊とは何
か』講談社、2001年、のちに、講談社学術文庫、2006年）を著
したが、執筆当時マクロウの評伝は利用できなかった。マクロウ
の評伝で初めて知った事実もいくつもあるが、しかし、今でも、
シュンペーターの学問に関する私の見解はほとんど揺らいでいな
い。それは、若い頃のケインズの性的指向を知ったからといって、

ケインズ革命を成し遂げた偉大な経済学者としての評価が揺るがないのと同じである。

　私は、ハーバラーは、のちに史料によって明らかとなった事実の多くを知りながらも、没後まもなく依頼された長めの論文の形をとった評伝のなかにはあえて書き込まなかったのではないかと推測する。これも、ハロッドがケインズのホモセクシャルとしての側面を知りながらも、それを「明確に」伝記のなかで触れなかったのと同じである。

　そんなことを考えながらハーバラーの評伝を読んでみると、全体として、いまだにシュンペーター入門として十分に通用するほど質の高い文献であることに驚いてしまうくらいだ。この評伝は、最初は *Quarterly Journal of Economics*（August 1950）に掲載されたので、大きな図書館に行けばどこでも読むことができると思う（この評伝を収めた『シュムペーター：社会科学者』の訳はやや古くなったかもしれない）。そこで、以下では、本論に入る前に、ハーバラーの評伝のなかでぜひとも読者に読んでほしい英文をいくつか精選し、試訳を掲げておくことにしよう。

　その一つは、シュンペーターが学者や研究者にとっての20歳代を「神聖な多産」の10年間と呼んでいたという有名なエピソードである。これは、ハーヴァード時代の弟子だった都留重人その他があちこちで紹介しているので、いまではすっかり有名になってしまったが、ハーバラーは、シュンペーターがウィーン大学での恩師オイゲン・フォン・ベーム＝バヴェルクへの追悼論文のなかで、その点に言及していることを正確に指摘している[1]。

In his brilliant biography of Böhm-Bawerk, Schumpeter remarked that Böhm-Bawerk's life illustrated and confirmed the generalization which has been often surmised and has been more and more firmly established by biographical research (especially by Wilhelm Ostwald), namely that the roots of important original achievements, especially those of a theoretical nature, can almost always be found in the third decade of the lives of scholars, "that decade of sacred fertility." In later years Schumpeter was wont to repeat this observation. Surely his own scientific development is entirely in accord with that theory.

　英語の構文としては複雑ではないが、ハーバラーも古い世代の経済学者なので、文章がやや長めである。適度に切って訳したほうがわかりやすい。英文法通り訳しても誤解を招かないときはそのままでよいが、日本語として不自然になるときは語順の原則に立ち戻るというのが、『英語原典で読む経済学史』を書いて以来の私のポリシーである。この英文は、それほど手が込んでいないので、素直に訳してみる。

　「ベーム＝バヴェルクの見事な評伝のなかで、シュンペーターは次のように述べた。ベーム＝バヴェルクの生涯は、これまでしばしば推測され、伝記的研究（とくに、ヴィルヘルム・オストヴァルトによるもの）によっていよいよ確立されてきた一般化を例証し確証している。すなわち、重要な独創的業績、とくに理論的

な特質をもつ業績の根本は、ほとんどつねに、学者の生涯の20代、「あの神聖な多産の10年間」のうちに見出しうると。後年のシュンペーターは、この所見を繰り返すのを常とした。確かに、シュンペーター自身の学問的業績も、その理論と完全に符合している。」

　シュンペーターの指摘は、天才的経済学者にはよく当てはまっていると思う。ケインズは、20代の大部分を「確率論」研究に捧げた（もっとも、その研究がまとまった著作として公刊されたのは、第一次世界大戦の混乱があったので、1921年にずれ込んだが）。近いところでは、ポール・A・サムエルソンも、ハーヴァード大学大学院での博士論文「経済分析の基礎」のほとんど大部分を20代のうちに完成させてしまっていた（その研究も、第二次世界大戦の混乱があったので、出版されたのは1947年だったが）。言うまでもないが、シュンペーター畢生の名著『経済発展の理論』も、彼が29歳のときに公刊されている。「天才」とはそういうものである。

　二つ目は、シュンペーターがウィーン大学というオーストリア学派の本拠地で学んでいたにもかかわらず、早い時期からレオン・ワルラスの一般均衡理論に傾斜し、オーストリア学派の一員と見なすのは困難になっていた事実である。もちろん、オーストリア学派の個々の理論（例えば、いずれ見るように、「静態」における「帰属理論」の利用）の痕跡はあるが、シュンペーターは、世界中の経済学界の動向に通じており、特定の学派の一員として活躍した事実はないし、本人もそう考えていたと思う。ハーバラーは、次のように指摘している[2]。

By the time he left the university, he had read and studied a vast amount of economic literature, classical and modern, especially in English. He was greatly impressed by, and highly admired, the work of Walras, the younger. In the preface to his first book, he said that Walras and Wieser, who was one of his professors, were the two economists to whom he felt closest. But while Wieser was hardly mentioned in his later work (although he wrote a beautiful though brief obituary), he kept his high regard for Walras. In his appraisal of Marshall's Principles (1941), he calls Walras "the greatest of all theorists,"and in his preface to the Japanese translation of the Theory of Economic Development (1937) he said that "as an economist" he owed more to Walras "than to any other influence."

Schumpeter is usually regarded as a member of the Austrian school. The fact is, however, that as a man and as a scholar he from the beginning a citizen of the world. He never liked to identify himself with any nationality, group, or school. What he said of Menger holds of Schumpeter himself: "He was nobody's pupil." This complete intellectual independence is already apparent in his earliest writings.

　「大学を卒業する頃までには、シュンペーターはすでに、古典および現代の膨大な量の経済学文献(とくに、英語で書かれたもの)を読みかつ研究していた。彼が大いに感銘を受け、

きわめて高く評価したのは、息子のほうのワルラスの著作であった。一作目への序文のなかで、彼は、ワルラスと、彼の先生の一人であったヴィーザーが、最も身近に感じる二人の経済学者であると述べている。しかしながら、ヴィーザーがシュンペーターの後の著作でほとんど言及されないのに対して（もっとも、シュンペーターは、ヴィーザーについて簡潔ながら見事な追悼文を書いているけれども）、彼はワルラスに対してはつねに深い尊敬の念を抱いていた。マーシャルの『原理』を評価する論文（1941年）のなかで、ワルラスを「すべての理論家のなかで最も偉大である」と明言しているし、『経済発展の理論』の日本語版（1937年）の序文のなかで、「経済学者として」、自分が「他の誰かの影響」よりももっと多くをワルラスに負っていると述べた。

　シュンペーターは、ふつう、オーストリア学派の一員であると見なされている。しかし、事実は、人間としても、学者としても、彼は初めから世界の市民であった。彼は、自分が一つの国籍、一つの集団、あるいは一つの学派と結びつけられることを決して好まなかった。彼がメンガーについて語ったことは、そのままシュンペーター自身にも当てはまる。すなわち、「彼は誰の弟子でもなかった」と。このような完全な知的独立は、すでに彼の最も初期の著作においても明白である。」

　三つ目は、ハーヴァード時代のシュンペーターが周囲から思いやりのある「教師」として慕われており、みずからの業績につい

ても控えめにしか語らなかったということである。これは、ハーヴァード時代のシュンペーターに学んだ都留重人やサムエルソンなどの証言によって事実であることは間違いない。

　だが、のちに出た詳細な評伝を読むと、若い頃のシュンペーターは、厳格すぎるほどの教師、政治家への野心をもつしたたか者などのいろいろな顔をもっており、晩年に形成されたイメージだけで彼を理解しようとすると、彼の多面性を見失う恐れがある。

　ハーバラーの次の英文は、その意味で、あくまでハーヴァード時代のシュンペーターを語ったものと考えたほうがよい[3]。やや長いので、二つに分けて読んでいこう。

Schumpeter was the most cooperative and considerate colleague anyone could imagine. He was always ready to offer his help, to serve on a committee, or to substitute for an indisposed colleague in a lecture or seminar, and was most reluctant and apologetic in asking for similar favors. His standards concerning the dignity and social status of university professors and scholars were of the highest order, and he often complained that, in most American universities and in American society at large, scholars did not enjoy the social status they ought to have and were overburdened with administrative duties. He nevertheless did his full part, along with the youngest instructors, in performing menial chores, such as foreign language examinations. He never behaved like a prima donna, although he was often regarded as one, especially by outsiders.

「シュンペーターは、最も協力的で思いやりのある同僚であって、そのことは誰でも想像することができた。彼はつねに進んで協力を惜しまず、委員会の任務を果たしたり、体調の優れぬ同僚の代理で講義やゼミナールを引き受けたりした。だが、彼は、同じような厚意を他人に求めるときはいかにも不承不承で申し訳なさそうにしていた。大学教授や学者の威厳や社会的地位に関する彼の基準は最も高いレベルにあったので、彼はよく次のようにこぼしていた。大部分のアメリカの大学やアメリカの社会全体で、学者は当然受けるべき社会的地位を享受しておらず、過度の行政的責務を負わされていると。それにもかかわらず、彼は、全力を尽くして、最も若い講師と一緒に、外国語の試験のようなつまらぬ雑用をこなした。彼は決してプリマドンナのようには振る舞わなかった。もっとも、とくに外部の人たちにはよくそのように見なされていたのだが。」

His teaching program consisted of a full course in advanced theory which he offered every year. Every other year or so he would offer a half course in business cycles and one in the history of economic doctrines, and now and then a half course in money and banking. In recent years he gave regularly a half course in socialism and social movements. The content of all these courses would be varied from year to year, but they all suffered from one defect: by listening to Schumpeter's lectures and studying his reading assignments and suggestions, students could have never found out that he himself had ever written anything on those subjects.

「彼の講義計画は、毎年提供していた上級理論に関する一年間のコースから構成されていた。ほぼ隔年で景気循環や経済学説史についての半期のコースを提供したものだ。時折、貨幣・銀行論の半期のコースを提供することもあった。最近では、定期的に、社会主義と社会運動についての半期の講義をしていた。これらのコースすべての内容は年ごとに変わっていただろう。しかし、これらすべてのコースに共通する欠陥が一つだけあった。すなわち、シュンペーターの講義を聴講し、彼のリーディング課題や示唆に従って勉強してみても、学生たちには、シュンペーター自身がそれらの論題について以前になにか書いていたことが決してわかり得なかったことである。」

　ハーバラーの論文について書いていけばキリがないので、この辺で終わりにするが、彼の優れた評伝が 1990 年代以降に登場した幾つかの詳細な評伝によって部分的に修正されたとしても、私は、前にも触れたように、シュンペーター経済学の理解に関しては、決して的外れではなかった、もっといえば、いまでも学ぶこ

とが多いと思う。その意味では、彼の評伝が長いあいだ「基本文献」であったことは、第二次世界大戦後のわが国におけるシュンペーター啓蒙の役割を十分に果たしたのではないだろうか。

1　Gottfried Haberler, "Joseph Alois Schumpeter 1883-1950," *Quarterly Journal of Economics*, vol.64, no.3 (August 1950) p.340.

2　*Ibid.*, pp.342-343.

3　*Ibid.*, p.359.

第1章

日本語版への序文

『経済発展の理論』日本語版への序文（1937年6月の日付がある）
とは、ハーヴァード時代のシュンペーターが日本語版（1926年に
出版された『経済発展の理論』第2版の翻訳で、原典はもちろんドイツ
語で書かれている）のために寄せた比較的短めの英文のことである。
日本語版には英文のまま掲載されている[1]。

　この文章は、簡潔ではあるものの、その後のシュンペーター解
釈における通説を方向づけたという意味できわめて重要なので、
丁寧に読んでいこう。

> If my Japanese readers asked me before opening the book what
> it is that I was aiming at when I wrote it, more than a quarter
> of a century ago, I would answer that I was trying to construct
> a theoretic model of the process of economic change in time, or
> perhaps more clearly, to answer the question how the economic
> system generates the force which incessantly transforms it.

　「もし日本における私の読者が本書をひもとく前に、四半世
紀以上も前、私がこれを書いたときに狙っていたことは何か
と尋ねるならば、私は次のように答えるだろう。すなわち、
私は、時間のなかにある経済変化の過程についての理論モデ

ルを構築しようとしていた、あるいはもっと正確にいえば、経済体系がいかにしてそれをつねに転化させる諸力を生み出すのかという疑問に答えようとしていたのだ、と。」

　これはなんでもない文章のようだけれども、本当の意味がわかるのはまだ先かもしれない。『経済発展の理論』が世に出たとき、ドイツ歴史学派の影響が強かったところでは、それを「経済史」に関する研究だと誤解した者が多かったというが、ハーヴァード時代のシュンペーターは、おそらく当時を思い出しながら、その本が「時間のなかにある経済変化の過程についての理論モデル」なのだと再び強調したかったのだろう。もっといえば、『経済発展の理論』は、「歴史」ではなく「発展のメカニズム」がメインテーマだということである。

　シュンペーターがウィーン大学に学んだにもかかわらず、単なる「オーストリアン」で終わらずに「世界の市民」になったというハーバラーの文章を前に紹介したが、これは次の英文を読むと次第に明らかになる。

This may be illustrated by a reference to two great names: Léon Walras and Karl Marx. To Walras we owe a concept of the economic system and a theoretical apparatus which for the first time in the history of our science effectively embraced the pure logic of the interdependence between economic quantities. But when in my beginnings I studied the Walrasian conception and the Walrasian technique (I wish to emphasize that as an economist I owe more to it than to any other influence), I discovered not only that it is rigorously static in character (this is self-evident and has been again and again stressed by Walras himself) but also that it is applicable only to a stationary process.

「このことは、二人の偉大な名前、すなわちレオン・ワルラスとカール・マルクスに言及することによって例証されるだろう。ワルラスに対して、私たちは、経済体系の概念と、私たちの学問の歴史のなかで初めて経済諸量間の相互依存の純粋論理を有効に包含した理論的用具を負っている。しかし、初期にワルラスの概念とワルラスの方法を研究したとき（強調しておきたいのは、経済学者として、私がほかのどの影響よりも多くのものをそれに負っていることである）、私が発見したのは、それが厳密に静学的な性質をもつ（これは自明であり、ワルラス自身によって何度も何度も強調されてきた）だけでなく、静態的過程にのみ適用可能であるということだった。」

シュンペーターがワルラスとマルクスの名前を挙げていることに改めて注意を喚起したい。シュンペーターは、オーストリア学派の本拠地に学びながら、経済学研究の初期にワルラスの『純粋経済学要論』（上巻 1874 年、下巻 1877 年）の意義を周囲の誰よりも高く評価し、熱烈なワルラシアンとなった。ワルラス経済学の大要については、拙著『経済学の歴史』（講談社学術文庫、2005年）その他の解説を参照してほしいが、シュンペーターがその経

済理論を厳密な静学理論であると捉えていたことは上の文章から明らかである。ワルラス解釈として、これが正しいかどうかは、ここでは問題ではない（実際、いまでは、ワルラス理論の "dynamic" な含意を拡大解釈した研究も出ているが、ここで問題となっているのは、「シュンペーターがどう考えていたか」である）。

だが、「静学的」（static）とか「静態的」（stationary）とか、英語でも日本語でも紛らわしい言葉が出てきたので、シュンペーターは、親切にも日本の読者に次のような注意を与えている。

These two things must not be confused. A static theory is simply a statement of the conditions of equilibrium and of the way in which equilibrium tends to re-establish itself after every small disturbance. Such a theory can be useful in the investigation of any kind of reality, however disequilibrated it may be. A stationary process, however, is a process which *actually* does not change of its own initiative, but merely reproduces constant rates of real income as it flows along in time. If it changes at all, it does so under the influence of events which are external to itself, such as natural catastrophes, wars and so on .

「この二つを混同してはならない。静学理論とは、単に均衡の条件と、小さな攪乱が生じるたびに均衡がいかにして回復される傾向があるかを叙述したものに過ぎない。そのような理論は、どんな種類の現実——いかにそれが不均衡にさらされていようとも——の探究においても有用でありうる。しか

しながら、静態的過程とは、現実におのれ自身のイニシアチ
ブで変化するのではなく、単に時間の流れに沿って一定の実
質所得の大きさを再生産するに過ぎない。もしそれが変化す
ることがあったとしても、その変化は、自然災害や戦争など
のような、それ自身にとっては外部の出来事の影響で生じる
のである。」

　つまり、「静学」とは時間の要素のないワルラスの一般均衡理
論を指しており、それに対して「静態」とはすべての経済数量
が一定の規模でつねに循環している状態を描写したフランソワ・
ケネー（1694−1774）の『経済表』（1758年）の世界なのである。
シュンペーターの解釈では、「静学」に時間を導入して、つねに
均衡状態が再現されるような工夫をすれば、事実上、「静態」へ
と限りなく近づけることができる。シュンペーターは、その意味
で、「静学」と「静態」は、言葉遣いが似ているようでも、概念
的に区別しなければならないと注意を喚起したわけである。
　シュンペーターは、経済学の創設期に活躍した外科医出身の
「エコノミスト」（この言葉は、ケネーが主導した重農学派によって初
めて使われた）をきわめて高く評価していた。彼は、若い頃に書
いた『学説および方法の諸段階』（1914年、日本語版は『経済学史』
というメインタイトルで岩波文庫から出ている）のなかで、次のよう
に述べている[2]。少し長いが、重要な内容を含んでいるので、二
つに分けて読んでみよう。

　…the task was to ascertain how each economic period becomes

the basis for the subsequent one, not only in a technical sense but also in the sense that it produces exactly such results as induce and enable the members of the economic community to repeat the same process in the same form in the next economic period; how economic production comes about as a social process, how it determines the consumption of every individual and how the latter in its turn determines further production, how every act of production and consumption influences all other acts of production and consumption, and how, as it were, every element of economic energy completes a definite route year in year out under the influence of definite motive forces. Only with the help of such an analysis was it possible for further knowledge of the economic life process of society to develop and were scholars enabled to survey all the general factors and their functions as well as all the elements which have to be considered in every individual problem as far as it is purely economic.

　「その課題とは、いかにして各経済期間が次の経済期間のための基礎になるのかを確定することであった。これは単に技術的な意味ばかりでなく、各経済期間がその経済社会のメンバーに次の経済期間においても正確に同じ過程を同じ形態で反復するような誘因を与え、またそれを可能にするような結果を生み出すという意味も含んでいる。すなわち、いかにして経済的生産は社会的過程として生じるのか、いかにしてそ

れは各個人の消費を決定し、いかにして今度は消費が次の生産を決定するのか、いかにして各々の生産と消費の行動が他のすべての生産と消費の行動に影響を与えるのか、そしていかにして、言わば、各々の経済的エネルギーの要素が一定の推進力の影響のもとで年々歳々一定の道を歩むのを完成させるのか、ということである。そのような分析の助けを借りて初めて、社会の経済的生活過程の知識がさらに深化することが可能であったし、学者もすべての一般的要因とその機能を、純粋に経済的なものである限り、すべての個別問題において考慮すべきすべての要素とともに展望することができたのである。」

As long as economic periods were viewed merely as a technical phenomenon, and the fact of the economic cycle through which they move had not been recognized, the connecting link of economic causality and an insight into the inner necessities and the general character of economics were missing. It was possible to consider the individual acts of exchange, the phenomenon of money, the question of protective tariffs as economic problems, but it was impossible to view with clarity the total process which unfolds itself in a particular economic period. Before the Physiocrats appeared on the scene only local symptoms on the economic body, as it were, had been perceived, while they enabled us to conceive this body physiologically and anatomically as an organism with a uniform life process and uniform conditions of life, and it was they who presented to us the first analysis of this life process. On this point only platitudes had existed before them, they were the first to direct their attention to the inner workings of the social exchange of goods and the phenomenon of their constant self-renewal.

「経済期間が単に技術的現象として考察され、経済循環を通じてそれが動いているという事実が認識されなかった限り、経済的因果関係と、経済学の内的必然性および一般的性質への洞察との連結環が欠落していた。個々の交換行為、貨幣現象、保護関税問題を経済問題として考察することは可能であったが、特定の経済期間において明らかになる総過程を明確に考察することは不可能であった。フィジオクラートが舞台に登場する以前は、いわば経済組織の局所的兆候のみが知覚されていたに過ぎなかった。ところが、フィジオクラートの登場によって、私たちは、この組織を統一的な生活過程および統一的な生活条件を伴う一つの有機体として、生理学的かつ解剖学的に把握することができるようになったし、この生活過程についての最初の分析を提示したのも彼らであった。この点に関しては、フィジオクラート以前には陳腐な言説が存在していたのみであり、彼らこそ初めて社会的財の交換およびその不断の自己再生現象の内部の機能に注意を向けたのである。」

『経済発展の理論』日本語版への序文に戻ろう。シュンペー

ターは、今度は、ワルラスに一度だけ会ったときの会話の内容を紹介している。シュンペーターは、ワルラス理論の静態的性格について、さらに言葉を続けている。

Walras would have admitted this. He would have said (and, as a matter of fact, he did say it to me the only time that I had the opportunity to converse with him) that of course economic life is essentially passive and merely adapts itself to the natural and social influences which may be acting on it, so that the theory of a stationary process constitutes really the whole of theoretical economics and that as economic theorists we cannot say much about the factors that account for historical change, but must simply register them. Like the classics, he would have made exceptions for increase in population and in savings, but this would only introduce a change in the data of the system and not add any new phenomena.

「ワルラスはこれを認めただろう。彼は次のように言っただろう（実際のところ、たった一度だけ私はワルラスと会話する機会があったのだけれども、彼は私に本当にそう言ったのである）。すなわち、もちろん、経済生活は本質的に受動的なものであり、それに働きかけているかもしれない自然的および社会的影響に対して単にそれ自身を適応させるに過ぎないので、静態的過程の理論が事実上、理論経済学の全体を構成すること。そして、経済理論家として、歴史的変化の原因となる要因につ

いては多くを語ることができず、単にそれらを記録しなければならないのみである、と。古典派と同じように、ワルラスも、人口の増加や貯蓄の増加については例外を認めただろう。だが、そうしても、経済体系の与件の変化が導入されるのみであり、新しい現象を何も追加しないだろう。」

たしかに、シュンペーターは、一作目の『理論経済学の本質と主要内容』をワルラスに献本してからまもなく、ローザンヌまで彼に会いに行っているので、ワルラスが上のように語ったのも事実かもしれない。だが、これには証拠はないし、何十年も前の人間の記憶をすべて信用するのにも無理がある。それゆえ、上述のことは、あくまでシュンペーターのワルラス解釈として記憶しておくのがよいと思う。

シュンペーターは、ワルラスの見解と対比する形で、持論を展開する。

I felt very strongly that this was wrong, and that there was a source of energy within the economic system which would of itself disrupt any equilibrium that might be attained. If this is so, then there must be a purely economic theory of economic change which does not merely rely on external factors propelling the economic system from one equilibrium to another. It is such a theory that I have tried to build and I believe now, as I believed then, that it contributes something to the understanding of the struggles and vicissitudes of the capitalist world and explains a number of phenomena, in particular the business cycle, more satisfactorily than it is possible to explain them by means of either the Walrasian or the Marshallian apparatus.

　「私が痛感したのは、このような見解は誤りであり、経済システムの内部にあるエネルギーの源泉が、達成されるかもしれない均衡をひとりでに破壊するだろうということである。もしそうであれば、経済変化の純粋経済理論があるはずである。というのは、それは、経済体系を一つの均衡から別の均衡へと移動させる外的要因に単に依存するようなものではないからだ。私が樹立しようとしたのは、そのような純粋経済理論である。そして、私は、現在でも、本書を出版した当時と同じように、その理論が資本主義世界の闘争と変動の理解に何かを貢献し、多くの現象とくに景気循環について、ワルラス的またはマーシャル的な分析装置のどちらかによって可能になる説明よりも、もっと満足のいく説明を提供していると信じている。」

　「経済システムの内部にあるエネルギーの源泉」が何であるかはまだここでは明確に書かれていないが（日本にはシュンペーターのファンが多いので、先走っていうと、それは「企業家」によるイノベーションの遂行に他ならない）、それが、例えば初歩的な経済理論で習うような「比較静学」のようなものではないことは明言されている。ワルラスやマーシャルの均衡理論とは違うものが求めら

れているとすれば、それは何か。続く文章を読んでみよう。

It was not clear to me at the outset what to the reader will perhaps be obvious at once, namely, that this idea and this aim are exactly the same as the idea and the aim which underly the economic teaching of Karl Marx. In fact, what distinguishes him from the economists of his own time and those who preceded him, was precisely a vision of economic evolution as a distinct process generated by the economic system itself. In every other respect he only used and adapted the the concepts and propositions of Ricardian economics, but the concept of economic evolution which he put into an unessential Hegelian setting, is quite his own.

「私には、当初、読者にとってはおそらく直ちに明白に違いない次のことがはっきり分かっていなかった。すなわち、この着想とこの目的が、カール・マルクスの経済学説の根底にある着想と目的と全く同じだということである。実際、マルクスを彼自身の時代の経済学者や彼らに先行する人たちから区別するものは、まさに経済発展を経済体系そのものから生み出された独自の過程として捉えるヴィジョンであった。他のすべての点で、マルクスはリカード経済学の概念や命題を利用し改良したに過ぎなかったが、マルクスが本質的ではないヘーゲル的図式に注入した経済発展の概念は、全く彼自身のものである。」

シュンペーターが「静態」から「動態」へと飛躍するに当たって、資本主義経済についてのマルクスのヴィジョンの影響を大いに受けたことは、今日では、シュンペーター解釈の通説になっているが、『経済発展の理論』の日本語版への序文のなかにも、そのことが明記されていることを確認しておこう。

　もちろん、シュンペーターは、決してマルクス主義者ではなかった。初期からワルラスの一般均衡理論を受容した彼は、マルクスの労働価値説を拒否しただろうし、労働者の絶対的窮乏化なども理解の範囲外にあると述べただろう。だが、シュンペーター自身が独自の経済発展のヴィジョンを形成しようとするそのときに、当初は気づかなかったとはいえ、「経済発展を経済体系そのものから生み出された独自の過程」として捉えたマルクスのヴィジョンから大いに学んだことは改めて強調しておかなければならない。それは、ワルラスにもマーシャルにもないものであった、と上の文章のなかでシュンペーターが示唆している通りである。

1　J・A・シュムペーター『経済発展の理論』塩野谷祐一・中山伊知郎・東畑精一訳、上巻 (岩波文庫、1977 年)13-18 ページ。

2　Joseph Alois Schumpeter, *Economic Doctrine and Method: An Historical Sketch*, translated by R. Aris, Oxford University Press,1954, pp.43-44. もちろん、これはドイツ語テキストから英訳である。

第 2 章

「静態」の世界

シュンペーターの『経済発展の理論』第1章は、ドイツ語版の邦訳では、「一定条件に制約された経済の循環」と題されているが[1]、英語版では、The circular flow of economic life as conditioned by given circumstances（「一定の条件によって制約された経済生活の循環的流れ」）となっている[2]。「循環的流れ」とは「静態」のことなので、ケネーの『経済表』を知っていれば、ドイツ語版のように「経済の循環」という言葉を使ったほうがシュンペーターの原典には忠実だっただろう。だが、ここでは、言葉遣いの違いは、どうでもよい。

　シュンペーターは経済学者だが、若い頃から博学で社会科学全般に通暁していたので、ふつうの経済学の教科書のように、需要曲線や供給曲線の話からいきなり書き出すことはない。もちろん、需要と供給の均衡は、一般均衡理論を受容したシュンペーターにとってもきわめて重要なのだが、『経済発展の理論』は、次のような文章で始まっている[3]。

The social process is really one indivisible whole. Out of its great stream the classifying hand of the investigator artificially extracts economic facts. The designation of a fact as economic already involves an abstraction, the first of the many forced upon us by the technical conditions of mentally copying reality. A fact is never exclusively or purely economic; other—and often more important—aspects always exist. Nevertheless, we speak of economic facts in science just as in ordinary life, and with the same right; with the same right, too, with which we may write a history of literature even though the literature of a people is inseparably connected with all the other elements of its existence. (p.3)

「社会的過程は、本当は、細分化できない一つの統一体である。その大きな流れの中から、研究者の分類する技量によって、経済的事実が人為的に引き出される。一つの事実を経済的と明示することが、すでに一つの抽象を伴っており、それは現実を頭の中で再現するという技術的条件が私たちに強いる多くの抽象の中の最初のものである。一つの事実が、排他的または純粋に経済的ということは決してない。他の——しかも、しばしばもっと重要な——側面がつねに存在するからである。それにもかかわらず、私たちは、日常生活とちょうど同じように、しかも同じ権利をもって、科学においても経済的事実について語るのである。それと同じ権利が、一国民の文学がその国民の存在の他の要素すべてと離れ難く結びついているにもかかわらず、私たちが一つの文学史を叙述し得ることにも適用されるのである。」

英文としては、ふつうのレベルだが、日本語に移し替えるには、

ときに能動態を受動態で、逆に受動態を能動態で訳したほうが
しっくりする場合もある。これは訳し方の好みでもあるので、上
の英文くらいなら英文法通りに訳しても問題はないかもしれない。

　この英文をいきなり渡されて、「一読した後にその場で日本語
に訳しなさい」というような高度な要求をする教員はいまでは希
少だろうが、私たちの時代は、それほど無理難題とは考えられて
いなかった。もはや昔話である。

　続いて、シュンペーターは、次のように言っている。

Social facts are, at least immediately, results of human conduct,
economic facts results of economic conduct. And the latter may
be defined as conduct directed towards the acquisition of goods.
In this sense we also speak of an economic motive to action,
of economic forces in social and economic life, and so forth.
However, since we are concerned only with that economic
conduct which is directed towards the acquisition of goods
through exchange or production, we shall restrict the concept of
it to these types of acquisition, while we shall leave that wider
compass to the concepts of economic motive and economic
force, because we need both of them outside the narrower field
within which we shall speak of economic conduct. (p.3)

　「社会的事実は、少なくとも直接的には、人間行為の結果で
あり、経済的事実は経済的行為の結果である。そして後者は、
財の獲得を目的とした行為として定義されよう。この意味に

おいて、私たちは行為の経済的動機や、社会生活および経済生活における経済的要因その他についても語るのである。しかしながら、私たちが関心をもっているのは、交換や生産を通じて財を獲得することを目的にした経済的行為のみだから、経済的行為という概念を使うときはこの種の財の獲得方法に限定することにしよう。とはいえ、経済的動機や経済的力という概念へのより広い展望はそのままにしておこう。なぜなら、私たちが経済的行為について語るより狭い領域の外では、そのどちらも必要だからである。」

　財の獲得を目的とした経済的行為云々と続くと、オーストリア学派の価値論やルートヴィヒ・フォン・ミーゼスの「人間行為学」のような話が続くのかと予想されるかもしれないが、そうではない。もちろん、それらと無関係というわけではないが、シュンペーターは、このような経済哲学につながるような議論はさらりと終わらせて次に進んでいる（戦前の日本には、その類の経済哲学が好きな学者が結構いた。例えば、杉村広蔵『経済哲学の基本問題』岩波書店、1935 年など）。

　ここで押さえておくべきは、『経済発展の理論』第 1 章では、経済的行為がおこなわれる「市場経済」（ただし、この言葉は、当時のドイツではほとんど使われていなかった。それに相当するのは、「流通経済」という言葉である）において、「発展」または「動態」の要因が全く欠落した「静態」の世界が抽象的に叙述されていることである。それを確認するように、シュンペーターは、次のように述べている。

Hence we shall outline the leading characteristics of a mental picture of the economic mechanism. And, to that end, we shall primarily think of a commercially organised state, one in which private property, division of labor, and free competition prevail. (p.5)

「それゆえ、私たちは、思惟的に構成された経済メカニズムの主要な特徴を略述していこう。そして、その目的のために、主として商業的に組織された国民経済、すなわち、私有財産、分業、および自由競争が支配的な国民経済を考察することにしよう。」

英文だけ読んだら、state は「状態」でもよさそうに見えるが、ドイツ語原典では、"eine verkehrswirtschaftlichen organisierte Volkswirtschaft"（流通経済的に組織された国民経済）となっているので、英訳者はおそらく state を「国家」の意味で使ったのだろう。だが、幸い、ドイツ語原典があるので、ここでは「国民経済」と訳しておいたほうがわかりやすいだろう。

　念のために言うと、『経済発展の理論』はドイツ語原典から邦訳されているので、上の箇所は忠実に日本語に移し替えられている。日本では、いまだに翻訳物がベストセラーの上位を占めるような年が少なくないが、その本が例えばフランス語やドイツ語から英訳されたものを日本語にしたものである場合、原典の大要を知るには便利ではあるものの、学問的に正確な理解に到達するの

は難しいという事情を頭に入れておかねばならない。

　さて、シュンペーターの「静態」がケネーの『経済表』の類推で理解しやすくなることは、すでに『経済発展の理論』の日本語版への序文をみてきた私たちには自明だが、シュンペーターは、第１章のなかで同じことを表現の違いはあるものの説明しようとしている。

The total of all commodities produced and marketed in a community within an economic period may be called the social product. It is unnecessary for our purpose to go more deeply into the meaning of the concept. The social product does not exist as such. It is just as little the consciously aspired-to result of systematic activity as the economic system as such is an "economy" working according to a uniform plan. But it is a useful abstraction. We can imagine that the products of all individuals form a heap somewhere at the end of the economic period, which is then distributed according to certain principles. Since it involves no essential change in the facts, the assumption is so far quite permissible. We can then say that each individual throws a contribution into this great social reservoir, and later receives something from it. To each contribution there corresponds somewhere in the system a claim of another individual; the share of everyone lies ready somewhere. And since all know from experience how much they must contribute in order to get what they want, having regard to the condition

that each share involves a certain contribution, the circular
flow of the system is closed, and all contributions and shares
must cancel out, whatever the principle according to which the
distribution is made. The assumption is so far made that all the
quantities concerned are empirically given. (pp.9-10)

「ある社会において、一経済期間内に生産され市場で販売さ
れたすべての商品の総額は、社会的生産物と呼ぶことができ
よう。私たちの目的にとっては、この概念の意味をもっと掘
り下げることは必要ではない。社会的生産物なるものは、そ
れ自体としては存在しない。それは、およそ計画性のある活
動によって意図的に追求された結果ではないのだが、それは
ちょうど、経済システムそれ自体がある統一的な計画に従っ
て動いている「経済」ではないのと同じである。しかし、そ
れは有用な抽象である。私たちは、すべての個人の生産物が
その経済期間の終わりにどこかに積み上げられ、それが次に
一定の原理に従って分配されると想定することができる。そ
のように想定しても、事実には本質的な変化が何も生じない
ので、その想定はその限りで全く許されるものである。それ
ゆえ、私たちは、次のように言うことができる。各個人はこ
の大きな社会的貯水池にその貢献を投げ入れ、のちにそこか
ら幾らかを受け取るのだと。各貢献には、経済システムのど
こかに別の個人の要求が対応しているので、各人の分け前は
すでにどこかに用意されているのである。そして、すべての
人は、各分け前は一定の貢献を必要としているという条件に

考慮して、自分が欲するものを得るにはどれだけ貢献しなければならないかを経験的に知っているので、経済システムの循環的流れは完結しており、すべての貢献と分け前は、どのような原理に従って分配がおこなわれようとも、釣り合わねばならないのである。ここでも置かれるべき想定は、関連のあるすべての数量が経験的に与えられているということである。」

　英語版は、ドイツ語版と比べると、英語圏の読者を考慮して、ところどころ表現を変えているが、「静態」のおおよその内容は伝えていると言ってもよい。『経済発展の理論』の第1章は、このような「静態」の本質を手を替え品を替え叙述しようとしているのだが、昔、性急な読者が、いつまでも「発展」理論が始まらないことに業を煮やし、中途で投げ出してしまったという話を聞いたことがある。ありそうなことである。しかし、ここは忍耐が必要である。次の英文も、その一つである。

This picture may be refined, and made to yield more insight into the functioning of the economic system, by means of a well known device. We assume all this experience to be nonexistent, and reconstruct it *ab ovo, as if* the same people, still having the same culture, tastes, technical knowledge, and the same initial stocks of consumers' and producers' goods, but unaided by experience, had to find their way towards the goal of the greatest possible economic welfare by conscious and rational

effort. We do not thereby imply that people would in practical
life be capable of such an effort. We merely want to bring out
the *rationale* of economic behavior irrespective of the actual
psychology of the households and firms under observation.
Neither do we aim at giving a sketch of economic history. Not
how the economic process developed historically to the state in
which we actually find it, but the working of its mechanism or
organism at any given stage of development, is what we want to
analyse. (p.11)

　「このような経済のイメージをもっと精緻化し、よく知られ
た工夫によって経済システムがどのように機能するかについ
てより多くの洞察が得られるようにすることができよう。私
たちは、このような経験すべてが存在せず、最初から再現す
るものと想定する。すなわち、あたかも同じ人々が、依然と
して同じ文化、嗜好、技術的知識、そして消費財と生産財の
同じ初期ストックをもちながらも、経験によって助けられる
ことがないので、意識的かつ合理的努力によって叶うかぎ
り最大の経済的厚生を実現するという目的のために暗中模索
しなければならないと想定するのである。私たちは、そうす
ることによって、人々が実際の生活でもそのような努力をす
る能力があると言おうとしているのではない。ただ私たちが
観察している家計や企業の現実の心理にかかわらず、経済行
動の論理的根拠を明らかにしたいだけである。また私たちは、
経済史の概要を提示することを狙っているのでもない。経済

過程がいかにして私たちが現に見出している状態へと歴史的に発展してきたかではなく、ある与えられた発展段階におけるそのメカニズムまたは有機体がどのように働いているか、それこそが私たちが分析したいと思っているものである。」

　これはドイツ語原典をかなり意訳しているのだが、このように書いたほうが現代の読者にもわかりやすいことは確かなので、ここでは、それには目を瞑ることにしよう。

　ab ovo（最初から）のところに注釈が入っており、ワルラスの『純粋経済学要論』が参照してあるが、その部分は明らかにワルラスの「模索過程」を指している（不安があれば、拙著『英語原典で読む経済学史』白水社、2018 年、および『経済学の歴史』講談社学術文庫、2005 年を参照のこと）。そして、『経済発展の理論』が決して経済史の本ではなく、「発展」のメカニズムを解明する経済理論の構築が真の狙いであるという趣旨の文章が再び登場している。

　さて、ここから先は、シュンペーター経済学に登場する主要概念の話をしばらく補わなければならない。

　「静態」とは、前に説明したように、ケネーの『経済表』のように、すべての経済数量が同じ規模で年々歳々、循環している状態のことだが、シュンペーターは、その世界の経済学的意味を詳しく考察している。ここで留意すべきは、当初から特定の学派には属さず、「世界の市民」であったシュンペーターも、オーストリア学派の思考法を一部継承していることである。それはこういうことである。

　「静態」の世界では、経済主体は体系にとっての「与件」（資源、

人口、技術、社会組織）に対して受動的に適応しているに過ぎない
が、その場合の「経済主体」とは、「本源的生産要素」（「労働」と
「土地」）の所有者である労働者と地主のみである。「生産された
生産手段」は、オーストリア学派では「潜在的消費財」の一部と
考えられているので、独立の生産要素ではない（このような思考法
は、オーストリア学派の「帰属理論」につながるが、経済学史の理解に
不安のある読者は、先に挙げた拙著を参照してほしい）。

　「静態」に労働者と地主以外の経済主体がいないというのは、
「動態」においてのみ「企業家」と「資本家」が現れるという
シュンペーター独自の考え方を際立たせるための工夫でもある。
「静態」では企業家と資本家が存在しないので、彼らに特有の所
得（企業家利潤と資本利子）も発生せず、すべての生産物価値は、
労働用役と土地用役の価値の合計に等しくなる。以上を踏まえた
上で、次の英文を読んでみよう。

The organisation of an exchange economy therefore presents
itself to us in the following manner. Individual businesses
appear to us now as places of production for the requirements
of other people, and the output of the whole production of a
nation will in the first place be "distributed" among these units.
Within the latter, however, there are no other functions than
that of combining the two original factors of production, and
this function is performed in every period mechanically as it
were, of its own accord, without requiring a personal element
distinguishable from superintendence and similar things. Thus,

if we suppose that the services of land are in private hands, then abstracting from monopolists there are no people with any claims upon the product except those who perform some kind of labor or place the services of land at the disposal of production. Under these conditions there is no other class of people in the economic system, in particular there is no class whose characteristic is that they *possess* produced means of production or consumption goods. We have already seen that the idea that somewhere there is an accumulated stock of such goods is absolutely false. It is chiefly evoked by the fact that very many produced means of production last through a series of economic periods. However, this is not an essential element, and we alter nothing fundamental if we limit the use of such means of production to one economic period. The idea of a stock of consumption goods has not even this support; on the contrary consumption goods are generally only in the hands of retailers and consumers in the quantity necessary to meet the requirements of the moment. We find a continuous flow of goods and a continuously moving economic process, but we find no stocks which are either constant in their component parts or constantly replaced. It also makes no difference to an individual firm whether it produces consumption or production goods. In both cases it disposes of its products in the same way, receives, under the hypothesis of completely free competition, a payment corresponding to the value of its land or labor services, and nothing else. If we choose to call the manager or owner of a business "entrepreneur," then he would be an *entrepreneur faisant ni bénéfice ni perte*, without special function and without income of a special kind. If the possessors of produced means of production were called "capitalists," then they could only be producers, differing in nothing from other producers, and could no more than the others sell their products above the costs given by the total of wages and rents. (pp.45-46)

「それゆえ、交換経済の組織は、私たちの前に次のように現れる。個々の企業は、いまや他の人々に必要なものを生産する場として私たちの前に現れ、一国民が生産した全産出物は、まず第一に、これらの単位のあいだに「分配」されるだろう。しかしながら、企業の内部には、二つの本源的生産要素を結合する以外の機能はなく、しかもこの機能も、各期間において機械的に遂行される。それは、言わば、自動的に遂行され、監督やそれに類することと区別される人的要素は必要とされない。それゆえ、もし土地用役が私有されていると仮定するならば、独占者を除けば、ある種の労働を行ったり、土地用役を生産のために提供したりする人々以外に、生産物に対する請求権をもつ者はいないのである。このような状態では、経済システム内にそれ以外の種類の人々は存在しない。とくに、生産された生産手段や消費財を所有することを特徴とするような種類の人々は存在しない。私たちはすでに、どこかにこのような財のストックが蓄積されているという考えが

全く誤りであることを見てきた。そのような考えが提起されたのは、主に、きわめて多くの生産された生産手段が一連の経済期間を通じて存続しているという事実があるからである。しかしながら、これは本質的な要因ではなく、そのような生産手段の使用を一つの経済期間に限定したとしても、本質は何も変わらない。消費財のストックがあるという考えについては、これを支持する事実さえ見当たらない。それどころか、消費財は一般に、現下の必要を満たすのに必要な量しか小売商人や消費者の手に存在しないのである。私たちは、財が連続的に流れ、経済過程が連続的に動いているのを見るが、その構成要素が一定であるか、絶えず補充されているようなストックは見当たらない。個々の企業にとっては、その企業が消費財を生産するか生産財を生産するかは、何の影響もない。いずれの場合も、その企業はその生産物を同じように処分し、完全な自由競争という仮定の下では、その土地用役や労働用役の価値に相当する支払いを受け取るのであり、それ以外の何物も受け取らない。もし一企業の経営者または所有者を「企業家」と呼ぶことに決めたならば、彼は利益を得なければ損失も蒙らない企業家であり、特別の機能も特別の種類の所得ももたないだろう。生産された生産手段の所有者が「資本家」と呼ばれるならば、彼らは他の生産者となんら異ならない単なる生産者であり、その生産物を賃金と地代の合計によって与えられる生産費よりも高く販売することができないのも他の生産者と同様である。」

英訳者は、前と同じように、ときに意訳しているが、おおよそドイツ語原典の大意を捉えていると言ってよい。「利益を得なければ損失も蒙らない企業家」という文章は、注釈に、ワルラスからの引用であることが明記されている（ただし、ワルラスの均衡には利子所得が存在していることに注意を喚起しているが）。シュンペーターは、「利益も得なければ損失も蒙らない企業家」を「単なる業主」と呼んで、真の「企業家」から区別している。なぜなら、のちに見ていくように、シュンペーターの「企業家」は、そのような存在ではなく、もっと能動的な役割を演じるからである。また、「生産された生産手段」の所有者を指して「資本家」と呼ぶ人たちがいるかもしれないが、彼らも他の生産者と本質的に何も変わらず、これものちに見ていくように、真の資本家は別にいる（先走って言えば、それが「銀行家」に他ならない）。

　以上が、シュンペーターが思惟的に構成した「静態」の世界である。このような「静態」がいかにして「動態」に転じうるのか（同じことだが、いかにして「発展」が生じうるのか）を解明するのが、『経済発展の理論』第 2 章以下の記述である。本書も、第 2 章を詳しく取り上げることになろうが、初めに述べたように、第 1 章の内容をしっかり理解しておかねば第 2 章を正確に読むことはできないということを繰り返しておきたい。

1　Joseph Alois Schumpeter, *Theorie der wirtschaftlichen Entwicklung*, 7. Auflage, Duncker & Humblot, 1987.
　このドイツ語版は、第 4 版（1934 年）のリプリントで、シュンペーターの簡潔な序文も付いているが、本文そのものは、第 2 版（1926 年）と変化はない。日本語版も、この第 2 版の翻訳であ

る。Der Kreislauf der Wirtschaft in seiner Bedingtheit durch gegebene Verhältnisse、というドイツ語には冒頭に「経済の循環」とあるので、英訳者がなぜこれを「循環的流れ」と訳したのかははっきりわからない。戦前の日本の経済学部の学生はケネーを学んだはずなので、彼らには素直に「経済の循環」と言ったほうが理解しやすかったと思う。

2 Joseph A. Schumpeter, *The Theory of Economic Development*, translated by Redvers Opie, Harvard University Press, 1949. 英語版は 1934 年に出版されたが、これはそのリプリント版である。

3 出だしの文章がドイツ語版でどうなっているかは気になるだろう。以下の独文を読むと、英文との相違点よりは類似点に目が行くのは当然である。だが、英訳者が、訳すのに難儀したのは、最 後 の 文 章（Von diesem Rechte soll auch hier Gebrauch gemacht werden.）だろう。これを直接訳した英文は見当たらない。その代わり、with the same right, too, with which we may write... というふうに関係代名詞でつなぐことによって、同じようなニュアンスを出そうとしている。苦心の技である。だが、どの翻訳でもそうだが、一つの言語と別の言語が一対一に正確につながることはない。

> Das soziale Geschehen ist eine einheitliche Erscheinung. Aus seinem großen Strom hebt die ordnende Hand des Forschers die wirtschaftlichen Tatsachen gewaltsam heraus. Darin, daß man eine Tatsache als wirtschaftliche bezeichnet, liegt schon eine Abstraktion, die erste von den vielen, die uns die technischen Notwendigkeiten der gedanklichen Nachbildung der Wirklichkeit aufzwingen. Niemals ist eine Tatsache bis in ihre letzten Gründe ausschließlich oder „rein" wirtschaftlich, stets gibt es noch andere—und oft wichtigere—Seiten daran. Trotzdem sprechen wir in der Wissenschaft ebenso von wirtschaftlichen Tatsachen, wie im gewöhnlichen Leben und mit demselben Rechte. Mit demselben Rechte auch, mit dem man eine Geschichte der Literatur schreiben kann, obgleich die Literatur eines Volkes untrennbar mit allen übrigen Elementen seines Daseins

verbunden ist. Von diesem Rechte soll auch hier Gebrauch gemacht werden.(S.1)

第 3 章

経済発展の根本現象

『経済発展の理論』第2章「経済発展の根本現象」は、シュンペーターが書いた文章のなかでも最も引用される頻度の高いものの一つである。といっても、人気があるのは、第2章のなかでもイノベーションについて述べた特定の箇所に集中しているが、繰り返し指摘しているように、その部分だけ読んでも、シュンペーターを本当の意味で理解したことにはならない。

　第2章は重要なだけに丁寧に読んでいくつもりだが、やはり最初に、シュンペーターが、「経済発展」を扱うからといってドイツ歴史学派のように経済史に関心があるわけではないことを再度強調している英文を読んでおくべきだろう。

　The economic sector, again, is open to an endless variety of points of view and treatments, which one can array, for example, according to the breadth of their scope—or we might just as well say according to the degree of generalisation which they imply. From an exposition of the nature of the economic life of the Niederaltaich monastery in the thirteenth century to Sombart's exposition of the development of economic life in western Europe, there runs a continuous, logically uniform thread. Such an exposition as Sombart's is theory, and indeed theory of economic development in the sense in which we intend it for the moment. But it is not economic theory in the sense in which the contents of the first chapter of this book are economic theory, which is what has been understood by "economic theory" since Ricardo's day. Economic theory in the latter sense, it is true, plays a part in a theory like Sombart's, but a wholly subordinate one: namely, where the connection of historical facts is complicated enough to necessitate methods of interpretation which go beyond the analytic powers of the man in the street, the line of thought takes the form offered by that analytical apparatus. However, where it is simply a question of making development or the historical outcome of it intelligible, of working out the elements which characterise a situation or determine an issue, economic theory in the traditional sense contributes next to nothing.(p.59)

「経済部門もまた、無限に多様な観点や取り扱いに対して開かれている。それらは、例えばその範囲の広さに応じて配列することができるし、あるいは、それらが含意する一般化の程度に応じて配列してもよいだろう。13世紀におけるニーデラルタイヒ修道院の経済生活の特徴の叙述から、ゾムバルトによる西欧の経済生活の発展の叙述に至るまで、そこには一つの連続的で、論理的に一貫した糸が走っている。ゾムバルトのような叙述は理論であり、確かに、私たちが当面意図している意味での経済発展の理論でもある。だが、それは、

本書の第1章の内容が経済理論であるという意味では経済理論ではない。本書の第1章こそリカードの時代以来「経済理論」として理解されてきたものである。後者の意味における経済理論は、確かに、ゾムバルトのような理論においても一役を演じるが、全く従属的な役割に過ぎない。すなわち、歴史的事実の関連がきわめて複雑なので、ふつうの人間の分析力の範囲を超える解釈の方法を採用せざるを得ないところでは、思考の経路は分析的装置が提供する形式をとる。しかしながら、問題が単に発展または歴史的結末を理解し、ある状況を特徴づけたり、ある争点を規定したりする要因の導出であるようなところでは、伝統的な意味での経済理論はほとんど何も貢献することができないのである。」（下線は引用者）

　英訳者はここでも英米圏の読者には関心なさそうな文章を部分的にカットしているのだが、最近一部で人気のあるヴェルナー・ゾムバルトのような仕事（講談社学術文庫で『ユダヤ人と経済生活』『恋愛と贅沢と資本主義』『戦争と資本主義』などの著作が読める）と、シュンペーターの『経済発展の理論』とでは関心がまるで違っていることが強調されていることに留意しよう。一言でいえば、前者は経済史、後者は経済理論がメインテーマなのである。
　では、シュンペーターは、どのような意味での「経済発展」を取り上げようというのだろうか。以下の英文を読んでみよう。

Our problem is as follows. The theory of the first chapter describes economic life from the standpoint of a "circular flow,"

running on in channels essentially the same year after year—
similar to the circulation of the blood in an animal organism.
Now this circular flow and its channels do alter in time, and
here we abandon the analogy with the circulation of the blood.
For although the latter also changes in the course of the growth
and decline of the organism, yet it only does so continuously,
that is by steps which one can choose smaller than any
assignable quantity, however small, and always within the same
framework. Economic life experiences such changes too, but it
also experiences others which do not appear continuously and
which change the framework, the traditional course itself. They
cannot be understood by means of any analysis of the circular
flow, although they are purely economic and although their
explanation is obviously among the tasks of pure theory. Now
such changes and the phenomena which appear in their train
are the object of our investigation. But we do not ask: what
changes of this sort have actually made the modern economic
system what it is? nor: what are the conditions of such changes?
We only ask, and indeed in the same sense as theory always
asks: how do such changes take place, and to what economic
phenomena do they give rise? (pp.61-62)

　「私たちの問題は次のようなものである。第1章の理論が描
写した経済生活は、年々歳々本質的に同じ軌道を進んでい
る「循環的流れ」の観点から眺めたものである——それは動

物的有機体における血液の循環と類似している。さて、この循環的流れとその軌道は、時間とともに現実には変化するので、私たちはここで血液の循環との類比を放棄する。なぜなら、後者もまた有機体の成長や衰退の過程で変化するけれども、それでもその変化は連続的なものに過ぎない、より正確にいうと、その歩みは特定できるどれほど小さな量よりも小さく、しかもつねに同じ枠組みのなかでの歩みだと見なしうるからである。経済生活もそのような変化を経験するが、それは連続的には現れず、その枠組み、すなわち伝統的な道筋そのものを変化させる別のものも経験する。そのような変化は、循環的流れの分析によっては理解することができない。もっとも、それらの変化は純粋に経済的なものであり、それを説明することは明らかに純粋理論の課題の一つなのだが。いまや、それらの結果として現れる変化や現象こそが、私たちの研究対象となる。しかし、私たちは、この種のどのような変化が実際に近代経済システムを現在あるようなものにしたのかとは問わないし、そのような変化の条件とは何かとも問わない。私たちが問うのはただ、実際に理論がつねに問うのと同じ意味においてである。すなわち、そのような変化はいかにして生じ、そしてそれはどのような経済現象を生んだのかということである。」

The theory of the first chapter 以下の文章は、語順通りに読んでいったほうが頭の中に入りやすいと思われたので、語順に留意した訳にしてみた。しかし、英文法通りでも誤解の恐れはないので、

ここは好みの問題である。

　シュンペーターは、経済発展が「静態」（すでに触れたように、英訳では「循環的流れ」という言葉が使われている）が取り扱いうる連続的な変化ではなく、「非連続的な」変化であることを示唆し、それを歴史的にではなく理論的に解明することがメインテーマとなるのだと言っているのだが、以上だけでは足りないと思ったのか、言葉を換えて、さらに次のように説明を続けている。

The same thing may be put somewhat differently. The theory of the first chapter describes economic life from the standpoint of the economic system's tendency towards an equilibrium position, which tendency gives us the means of determining prices and quantities of goods, and may be described as an adaptation to data existing at any time. In contrast to the conditions of the circular flow this does not mean in itself that year after year "the same" things happen; for it only means that we conceive the several processes in the economic system as partial phenomena of the tendency towards an equilibrium position, but not necessarily towards the same one. The position of the ideal state of equilibrium in the economic system, never attained, continually "striven after" (of course not consciously), changes, because the data change. And theory is not weaponless in the face of these changes in data. It is constructed so as to be able to deal with the consequences of such changes; it has special instruments for the purpose (for example the instrument called quasi-rent). If the change occurs in the non-social data (natural conditions) or in non-economic social data (here belong the effects of war, changes in commercial, social, or economic policy), or in consumers' tastes, then to this extent no fundamental overhaul of the theoretical tools seems to be required. These tools only fail—and here this argument joins the preceding—where economic life itself changes its own data by fits and starts. (p.62)

「同じことを、いくらか違ったふうに表現することもできよう。第1章の理論が描写した経済生活は、経済システムが均衡状態へと向かう傾向の観点から眺めたものであり、その傾向が私たちに財の価格と数量を決定する手段を与えてくれるので、その時々に存在している与件への適応として示されるだろう。循環的流れの状態とは対照的に、これ自体は年々歳々「同じ」ことが生じることを意味しない。というのは、それが意味するのはただ、私たちが経済システムにおける個々の過程を一つの均衡状態へと向かう傾向の部分的現象として捉えるということであり、必ずしも同じ均衡状態へと向かう傾向として捉えるのではないからである。経済システムにおける理念的な均衡状態の位置は、決して到達されず、つねに「追求されている」（もちろん、意識的にではない）ものだが、それは与件が変化するがゆえに変化する。しかも、理論は、このような与件の変化にもかかわらず無力ではない。理論は、そのような変化の結果を取り扱うことができるように

構築されており、そのような目的のための特別の道具（例えば、準地代と呼ばれる道具）をもっているのである。もし生じた変化が、社会以外の与件（自然状態）や、経済以外の社会的与件（これには戦争の影響、商業政策、社会政策、経済政策の変化が含まれる）の領域や、消費者の嗜好にあるならば、その限りでは、理論的道具の根本的な改訂は必要ではないように思われる。これらの道具が役に立たなくなるのはただ、経済生活それ自体が急激にそれ自身の与件を変化させる場合だが、ここで議論は先に論じたことと重なってくるのである。」

　下のほうに出てくる If the change occurs... という英文は、変化が生じる領域を列挙しているので、できるだけ語順の原則に従って訳してみた。上の英文自体は、それほど難しくはないが、シュンペーターの説明が意外に丁寧なことに驚いた読者もいたかもしれない。それほど、経済発展というだけで、ドイツ語圏では歴史学派のような議論が続くと予想されるのを警戒していた証左でもある。

　さて、いよいよ、シュンペーターが「発展」の意味について触れた英文を読んでいこう。

By "development," therefore, we shall understand only such changes in economic life as are not forced upon it from without but arise by its own initiative, from within. Should it turn out that there are no such changes arising in the economic sphere itself, and that the phenomenon that we call economic development is in practice simply founded upon the fact that the data change and that the economy continuously adapts itself to them, then we should say that there is *no* economic development. By this we should mean that economic development is not a phenomenon to be explained economically, but that the economy, in itself without development, is dragged along by the changes in the surrounding world, that the causes and hence the explanation of the development must be sought outside the group of facts which are described by economic theory.

Nor will the mere growth of the economy, as shown by the growth of population and wealth, be designated here as a process of development. For it calls forth no qualitatively new phenomena, but only processes of adaptation of the same kind as the changes in the natural data. Since we wish to direct our attention to other phenomena, we shall regard such increases as changes in data. (p.63)

「それゆえ、「発展」という言葉によって私たちが理解するのは、外部から押しつけられた経済生活の変化ではなく、経済生活の内部からそれ自身のイニシアチブによって生じるような変化のみなのである。もし万一、経済の領域そのものから生じるような変化がなく、私たちが経済発展と呼んでいる現象が、実際は、単に与件が変化し、経済は連続的にそれみずからを与件の変化に適応させるに過ぎないという事実に基

づいているとしたら、私たちはいかなる経済発展もない<ruby>と<rt>・</rt></ruby><ruby>い<rt>・</rt></ruby>というべきだろう。このことが意味するのは、経済発展は経済的に説明されるべき現象ではなく、経済は、それ自体では発展がなければ、周囲の世界における変化に引っ張られているので、発展の原因、そして、それゆえその説明は、経済理論によって<u>叙述される一群の事実の外部に求められなければならない</u>ということだからだ。

　人口や富の増大によって示される単なる経済の成長も、ここでは、発展の過程として見なされないだろう。なぜなら、それは質的に新しい現象を何も引き起こさず、自然的与件の変化と同じ種類の適応過程のみを生じさせるに過ぎないからだ。私たちは、それとは別の現象に注意を向けたいので、そのような変化を与件の変化と見なすことにしよう。」

（下線は引用者）

　上の下線を引いた部分は、シュンペーターの意味での「発展」を理解する鍵である。私たちはすでに、『経済発展の理論』の日本語版への序文を読みながら、シュンペーターが「静態」と「動態」をどのように対比していたかを見ているのだが、いつもながら慎重なシュンペーターは、その本の本文でも以下のような文章を書いている。重要な部分なので、味わって読んでほしい[1]。

If I have been more successful than in the first edition in concentrating the exposition upon essentials and in guarding against misunderstandings, then further special explanations of the words "static" and "dynamic," with their innumerable meanings, are not necessary. Development in our sense is a distinct phenomenon, entirely foreign to what may be observed in the circular flow or in the tendency towards equilibrium. It is spontaneous and discontinuous change in the channels of the flow, disturbance of equilibrium, which forever alters and displaces the equilibrium state previously existing. Our theory of development is nothing but a treatment of this phenomenon and the processes incident to it. (p.64)

「もし私が、本書の第１版よりも、以上の叙述を本質的なことに集中させ、誤解を防ぐことに成功していたとしたら、無数の意味を含む「静態」および「動態」という言葉について、さらに特別な説明は必要ではないだろう。発展とは、私たちの意味では、独特の現象であり、循環的流れや均衡への傾向において観察されうるようなものとは性質を異にしている。発展とは、循環の経路における自発的で非連続的な変化、均衡の攪乱であり、それが絶えず以前に存在していた均衡状態を変更し、置き換えるのである。私たちの発展理論は、このような現象とそれに付随する過程の考察方法に他ならない。」

英訳者はここでも原典の枝葉末節を大胆に削り、「発展」の定義が明確にわかるように配慮しているが、さらに注目すべきは、シュンペーターが英語版のために上の文章に以下のような注釈を追加していることである。これはシュンペーターの発展理論の理

解に資するので、読んでおいたほうがよい。

In the first edition of this book, I called it "dynamics." But it is preferable to avoid this expression here, since it so easily leads us astray because of the associations which attach themselves to its various meanings. Better, then, to say simply what we mean economic life changes, it changes partly because of changes in the data, to which it tends to adapt itself. But this is not the only kind of economic change, there is another which is not accounted for by influence on the data from without, but which arises from within the system, and this kind of change is the cause of so many important economic phenomena that it seems worth while to build a theory for it, and in order to do so, to isolate it from all the other factors of change. The author begs to add another more exact definition, which he is in the habit of using what we are about to consider is that kind of change arising from within the system *which so displaces its equilibrium point that the new one cannot be reached from the old one by infinitesimal steps.* Add successively as many mail coaches as you please, you will never get a railway thereby.(p.64)

「本書の第1版において、私はこれを「動態」と呼んだ。しかし、この表現は、ここでは避けるほうが望ましい。なぜなら、その言葉がいろいろな連想を生んで様々な意味を持つようになるがゆえに、私たちがしばしば途方に暮れることがあ

るからである。それゆえ、単に次のように言うほうがよいだろう。私たちが経済生活は変化するというときの意味は、それが一部は与件の変化によって変化し、その変化に対して経済生活がそれ自身を適応させる傾向があるということである。しかし、これが唯一の経済変化の方法ではなく、外部からの与件への影響によっては説明されず、経済システムの内部から生じる、もう一つ別の変化があるのである。そして、この種の変化は、きわめて多くの重要な経済現象の原因であるから、それを解明するための理論を構築する価値があるのだが、そうするためには、その変化をすべての他の変化の要因から孤立化させる必要があるように思われる。許されるなら、筆者は習慣的に用いている、より正確なもう一つ別の定義を追加したい。すなわち、私たちがまさに考察しようとしているものは、経済システム内部から生じる変化の種類であり、それがそのシステムの均衡点を押しのける仕方は、新しい均衡点が古い均衡点からの微小な歩調によっては到達し得ないようなものである。どれほど多くの郵便馬車を好きなだけ連続的に加えても、それによって鉄道を得ることはできないだろう。」

　さて、ここまで来れば、シュンペーターのイノベーションの定義にたどりつくまであと一歩となる。だが、イノベーションが『経済発展の理論』ではなぜ「新結合の遂行」と呼ばれていたのかについて触れた文章を読んでおこう。

To produce means to combine materials and forces within our reach (cf. *supra*, Chapter I). To produce other things, or the same things by a different method, means to combine these materials and forces differently. In so far as the "new combination" may in time grow out of the old by continuous adjustment in small steps, there is certainly change, possibly growth, but neither a new phenomenon nor development in our sense. In so far as this is not the case, and the new combinations appear discontinuously, then the phenomenon characterising development emerges. For reasons of expository convenience, henceforth, we shall only mean the latter case when we speak of new combinations of productive means. Development in our sense is then defined by the carrying out of new combinations. (pp.65-66)

　「生産するとは、私たちの手が届く範囲の物と力を結合することである（すでに見た第1章を参照）。他の物を生産する、あるいは同じ物を違った方法で生産するとは、これらの物や力の結合を変更することを意味する。「新結合」が旧結合から連続的に小さな歩みを積み重ねて調整することから生じる限りにおいて、確かに変化、おそらくは成長はあるが、私たちの意味における新しい現象も発展もない。このような場合ではなく、新結合が非連続的に現れる限りにおいて初めて、発展を特徴づける現象が出現するのである。記述上の便宜の理由から、今後は、生産手段の新結合について語るときは、

後者の場合のみを指すとしよう。私たちの意味における発展は、それゆえ、新結合の遂行によって定義される。」

つまり、「新結合」とは「旧結合」と対比する形で用いられていたのである。今日では、イノベーションという言葉が普及してしまったので、私は基本的にこちらを使うつもりだが、英文にnew combinations とある場合は、もちろん、「新結合」と訳すつもりである。

1　この部分は、ドイツ語原典 (Joseph Alois Schumpeter, *Theorie der wirtschaftlichen Entwicklung,* Siebente Auflage, Duncker & Humblot, 1987) では以下のようになっている。シュンペーター自身が書いた文章は、独文でも英文でもハイフンが多いのが特徴の一つだが、英訳者は誤解を招かないようにできるだけハイフンを避けているように思われる。この部分はハイフン内の文章が短いのでそれほど困難はないが、彼はときにハイフン内にたくさんの文章を詰め過ぎるので、読む者を混乱させることがままある。

> Und unsere Entwicklungstheorie ist—was nicht schon beschlossen ist in der Erkenntnis des Vorliegens einer besonderen Erscheinung—eine besondere auf diese Erscheinung und ihre Folgeerscheinungen und ihre Probleme abgestellte Betrachtungsweise, eine Theorie der so abgegrenzten Veränderungen der Bahn des Kreislaufs, eine Theorie des Übergangs der Volkswirtschaft von dem jeweils gegebenen Gravitationszentrum zu einem andern („Dynamik") im Gegensatz zur Theorie des Kreislaufs selbst, zur Theorie der steten Anpassung der Wirtschaft an wechselnde Gleichgewichtszentren und ipso facto auch der Wirkungen dieses Wechsels („Statik"). (S.99)

第4章

イノベーションとは何か

「新結合」が「イノベーション」と同じ意味であることはすでに触れておいた。経済学者やエコノミストばかりでなく、ビジネスマンにも最も人気が高いのがこの部分である。だが、問題はシュンペーター がそれをどのように捉えているかである。早速その英文を読んでみよう[1]。

This concept covers the following five cases: (1) The introduction of a new good—that is one with which consumers are not yet familiar—or of a new quality of a good. (2) The introduction of a new method of production, that is one not yet tested by experience in the branch of manufacture concerned, which need by no means be founded upon a discovery scientifically new, and can also exist in a new way of handling a commodity commercially. (3) The opening of a new market, that is a market into which the particular branch of manufacture of the country in question has not previously entered, whether or not this market has existed before. (4) The conquest of a new source of supply of raw materials or half-manufactured goods, again irrespective of whether this source already exists or whether it has first to be created. (5)

The carrying out of the new organisation of any industry, like the creation of a monopoly position (for example through trustification) or the breaking up of a monopoly position.(p.66)

「この概念は、次の五つの場合を含んでいる。

（1）新しい財（すなわち、消費者がいまだによく知らない財）、または新しい品質の財の導入

（2）新しい生産方法、すなわち、当該製造部門においていまだ経験によって試験されていないような生産方法の導入。それは必ずしも科学的に新しい発見に基づく必要はなく、商品の商業的な取扱に関する新しい方法にも現れうる。

（3）新しい販路（すなわち、当該国の特定の製造部門が以前には入って行けなかった販路）の開拓。ただし、この販路が以前にも存在したかどうかは問わない。

（4）原料または半製品の新しい供給源の獲得。この場合も、この供給源がすでに存在しているのかどうか、あるいは、最初に創り出さねばならないのかどうかは問わない。

（5）新しい産業組織の実現。独占的地位（例えば、トラスト化による）の創造、または独占的地位の破壊のように。」

　英訳者は珍しく（1）でハイフンを使っているが、ここでは一工夫して（　）内に日本語訳をもってくることにしよう。英文自体は決して難解ではないが、この五つは、「イノベーションとは何か」と問われればすぐに答えられるように暗唱することをすすめる（一字一句を全部というのではなく、五つの内容をという意味であ

る）。

　余談だが、イノベーション（innovation）は、戦後まもない頃、ある高名な官庁エコノミストが「技術革新」と訳して以来、その訳語がかなり普及してしまった。だが、技術革新では（1）と（2）しかカバーできないので、本当は適訳とは言えない。いずれ取り上げるべき問題だが、技術革新だと経済の供給面にしか関係がないように読めるが、例えば新しい財や新しい販路の開拓などは、経済の需要面にも関係するものである[2]。『経済発展の理論』では「新結合」と表現されているので問題はないが、英語でinnovation と出たときは「イノベーション」と訳すほうが望ましいと注意しておきたい。以下、『経済発展の理論』のテキストに即して「新結合」と訳す場合が圧倒的に多いが、その意味は「イノベーション」と同じだと思っておいて差し支えない。

　さて、シュンペーターは、上の意味での新結合が誤解されないように、さらに二点を補足説明している。いつもながら慎重である。第一から読んでいこう。

In the first place it is not essential to the matter—though it may happen—that the new combinations should be carried out by the same people who control the productive or commercial process which is to be displaced by the new. On the contrary, new combinations are, as a rule, embodied, as it were, in new firms which generally do not arise out of the old ones but start producing beside them ; to keep to the example already chosen, in general it is not the owner of stage-coaches who builds railways. This fact not only puts the discontinuity which characterises the process we want to describe in a special light, and creates so to speak still another kind of discontinuity in addition to the one mentioned above, but it also explains important features of the course of events. Especially in a competitive economy, in which new combinations mean the competitive elimination of the old, it explains on the one hand the process by which individuals and families rise and fall economically and socially and which is peculiar to this form of organisation, as well as a whole series of other phenomena of the business cycle, of the mechanism of the formation of private fortunes, and so on. (pp.66-67)

「第一に、新結合が新しいものによって置き換えられるべき生産・商業過程を支配している同じ人々によって遂行されることがあったとしても——それはありうることだけれども——、事物の本質には影響しない。それとは反対に、新結合は、原則として、新しい企業にいわば具現されるのであり、新企業は一般に古い企業からは生まれず、古い企業と並んで生産を開始するのである。すなわち、先に選んだ例に準拠すると、概して、鉄道を建設した者は駅馬車の所有者ではないのである。この事実は、私たちが描写したい過程を特徴づける非連続性に独特の光をあて、上述の一つの非連続性（訳注：「軌道の変更」のこと）に加えて、いわばもう一つ別の種類の非連続性（訳注：「発展担当者の変更」のこと）をさらに創

り出すばかりでなく、事象の経過についての重要な特徴をも説明するのである。とくに、新結合が古きものを競争的に淘汰することを意味する競争経済においては、それは一方で個人や家族が経済的にも社会的にもその地位が上昇・下落する過程や、この組織形態に特有の過程を説明するが、それのみならず、景気循環や私有財産の形成メカニズムといった一連の他の現象をも説明するのである。」

独文で読んだ感じとはやはり微妙に異なるのだが、それでも、英訳者は少しばかり構文に手を入れながらも原典の大意を伝えるのに成功していると思う。

第二としては、以下を読んでほしい。

As a rule the new combinations must draw the necessary means of production from some old combinations—and for reasons already mentioned we shall assume that they *always* do so, in order to put in bold relief what we hold to be the essential contour line. The carrying out of new combinations means, therefore, simply the different employment of the economic system's existing supplies of productive means—which might provide a second definition of development in our sense. That rudiment of a pure economic theory of development which is implied in the traditional doctrine of the formation of capital always refers merely to saving and to the investment of the small yearly increase attributable to it. In this it asserts nothing false, but it entirely overlooks much more essential things. The slow and continuous increase in time of the national supply of productive means and of savings is obviously an important factor in explaining the course of economic history through the centuries, but it is completely overshadowed by the fact that development consists primarily in employing existing resources in a different way, in doing new things with them, irrespective of whether those resources increase or not. In the treatment of shorter epochs, moreover, this is even true in a more tangible sense. Different methods of employment, and not saving and increases in the available quantity of a labor, have changed the face of the economic world in the last fifty years. The increase of population especially, but also of the sources from which savings can be made, was first made possible in large measure through the different employment of the then existing means. (p.68)

「原則として、新結合は必要な生産手段をどこかの旧結合から引き抜かなければならない。そして、すでに指摘した理由により、新結合はつねにそうすることによって、私たちが本質的な理論の骨格だと捉えているものを浮き彫りにするのだと想定しよう。したがって、新結合の遂行は、簡潔に言えば、経済システムの現存する生産手段を転用することを意味しており、それが私たちの意味における発展の第二の定義を与えると言ってもよい。発展の純粋経済理論の初歩は、資本

形成の伝統的学説のなかに含まれているのだが、それはつね
に単に貯蓄と、貯蓄に起因する年々の小さな投資の増大に
言及しているに過ぎない。この理論は、何も誤ったことを主
張しているわけではないが、はるかにもっと本質的なことを
全く見落としている。時間を通じて一国の生産手段の供給が
徐々にかつ連続的に増大することは、数世紀にわたる経済史
の流れの説明には明らかに重要な要因だが、それは、発展と
は、第一にそのような資源が増加するかどうかにかかわらず、
現存の資源を異なった方法で用い、それをもって新しいこと
をおこなうことにあるという事実によって完全に曇らされて
しまう。さらに、もっと短い期間を取り扱う場合でも、この
ことはもっと明白な意味で真理でさえある。貯蓄や利用でき
る労働量の増加ではなく、その異なった利用方法こそが、過
去50年間の経済世界の様相を変化させてきた。とくに人口
の増加や、さらには貯蓄を生み出しうる収益の源泉の増加も、
大部分、現存の生産手段の転用を通じて初めて可能になった
のである。」

　ほとんど英文法通りでも訳せるが、ところどころ、読みやすい
ように語順に留意して訳してみた。「新結合」が「生産手段の転
用」をも意味することが丁寧に説明されている。contour line と
は文字通りは「等高線」の意味だが、文脈から理論の「骨格」か
「輪郭」の意味だろう。ハイフンがあるが、必ずしもそのまま訳
語では使わなくともよいのではないかと思われる。
　新結合の特徴について説明したあと、シュンペーターは、次に

新結合の資金はどのように提供されるのかという問題に移ってい
く。経済学の正統的な答えは、貯蓄が投資をまかなうというもの
だったが、シュンペーターは、先走っていえば、静態から動態へ
と移る瞬間、企業家とともに銀行の信用創造がきわめて重要な役
割を演じることを強調している。なぜか。以下、その理由を語る
シュンペーターの文章を読んでみよう。

Even though the conventional answer to our question is not
obviously absurd, yet there is another method of obtaining
money for this purpose, which claims our attention, because it,
unlike the one referred to, does not presuppose the existence of
accumulated results of previous development, and hence may be
considered as the only one which is available in strict logic. This
method of obtaining money is the creation of purchasing power
by banks. The form it takes is immaterial. The issue of bank-
notes not fully covered by specie withdrawn from circulation
is an obvious instance, but methods of deposit banking render
the same service, where they increase the sum total of possible
expenditure. Or we may think of bank acceptances in so far
as they serve as money to make payments in wholesale trade.
It is always a question, not of transforming purchasing power
which already exists in someone's possession, but of the creation
of new purchasing power out of nothing — out of nothing
even if the credit contract by which the new purchasing power
is created is supported by securities which are not themselves

circulating media — which is added to the existing circulation. And this is the source from which new combinations *are* often financed, and from which they would have to be financed *always*, if results of previous development did not actually exist at any moment. (pp.72-73)

「私たちの問題に対する伝統的な答えは、明らかに不合理ではないが、それでも、この目的のための貨幣を獲得するもう一つ別の方法があり、それが私たちの注目に値する。なぜなら、それは、すでに言及した方法と違って、以前の発展によって蓄積された成果の存在を前提にしないがゆえに、厳密な論理において利用できる唯一の方法と見なされうるからだ。このような貨幣獲得の方法とは、銀行による購買力の創造である。それがどのような形態をとるかは重要ではない。流通から引き上げられた正貨によっては完全に保証されない銀行券の発行は明らかに一例ではあるが、預金銀行の方法も、それが支出可能な総額を増大させる場合には、同じ役割を演じる。あるいは、卸売取引における支払いに用いられる貨幣として役立つ限りにおいて、銀行引受手形を考えることもできよう。つねに問題なのは、すでに誰かの手の元に存在している購買力を移転することではなく、無から新しい購買力を創造することである。たとえ新しい購買力を創造する信用契約が、それ自身流通手段ではない証券によって支えられている場合でも、無から創造されるのであり、それが現存の流通に追加されるのである。そして、まさにこの源泉から、新結合

がしばしば資金を提供されるのであり、しかも以前の発展の成果がいかなるときでも現実に存在しない場合、その源泉からつねに資金が調達されなければならないのである。」

それゆえ、シュンペーターは、企業家による新結合の遂行に資金を提供する「銀行家」の役割をきわめて重視するのである。主導権はあくまで企業家が握っているのだが、銀行家が信用創造を決断してくれなければ、新結合はスタートしない。世界的な数理経済学者として著名で、晩年は歴史や思想史の分野でも物を書いた森嶋通夫（1923−2004）は、その意味で、企業家と銀行家を「資本主義の正副操縦士」と呼んだが[3]、言い得て妙である。次の英文を読んでみよう。

The banker, therefore, is not so much primarily a middleman in the commodity "purchasing power" as a *producer* of this commodity. However, since all reserve funds and savings to-day usually flow to him, and the total demand for free purchasing power, whether existing or to be created, concentrates on him, he has either replaced private capitalists or become their agent ; he has himself become the capitalist par excellence. He stands between those who wish to form new combinations and the possessors of productive means. He is essentially a phenomenon of development, though only when no central authority directs the social process. He makes possible the carrying out of new combinations, authorises people, in the name of society as it were, to form them. He is the ephor of the exchange economy. (p.74)

　「したがって、銀行家は、第一に、「購買力」という商品の仲介者ではなくてむしろ、この商品の生産者なのである。しかしながら、今日では積立金や貯蓄はすべて銀行家のほうに流れるのがふつうであり、現存のものであれ新規に創造されるものであれ、自由な購買力に対する総需要は銀行家のもとに集中しているので、銀行家が私的資本家たちに取って代わったか、彼らの代行者になってしまった。すなわち、銀行家みずからが典型的な資本家となったのである。銀行家は、新結合を遂行したいと望んでいる者と、生産手段の所有者のあいだに位置している。銀行家は、本質的に、発展の一つの現象である。もっとも、これは、いかなる中央当局も社会的過程を指導していない場合のみに限られるが。銀行家は、新結合の遂行を可能にし、いわば社会の名において、企業家に新結合を遂行する権限を与えるのである。銀行家は、交換経済の監督官なのである。」

　「社会の名において」は、ドイツ語原典では「国民経済の名において」（im Namen der Volkswirtschaft）となっているのだが、英訳者は、そのような表現は英語圏の読者には通じにくいと判断したのだろう。ドイツ語圏と英語圏の経済風土の違いを見るようで興味深い。
　英訳者は英語圏の読者には不要な部分を削除し、必要な構文を

少しいじってでも読みやすい英文に移し替えるのをモットーにしているように思える。日本の翻訳家ならふつうは怯んでしまうので、広くおすすめはできないのだが、ドイツ語やフランス語の原典を読んでいて解釈に迷うようなことがあれば、一度は英訳を参考にしてみるとヒントが得られるかもしれない。

1　この部分のドイツ語原典 (Joseph Alois Schumpeter, *Theorie der wirtschaftlichen Entwicklung*, Siebente Auflage, Duncker & Humblot, 1987) は、以下のようになっている。

> Dieser Begriff deckt folgende fünf Fälle:
> 1. Herstellung eines neuen, d. h. dem Konsumentenkreise noch nicht vertrauten Gutes oder einer neuen Qualität eines Gutes.
> 2. Einführung einer neuen, d. h. dem betreffenden Industriezweig noch nicht praktisch bekannten Produktionsmethode, die keineswegs auf einer wissenschaftlich neuen Entdeckung zu beruhen braucht und auch in einer neuartigen Weise bestehen kann mit einer Ware kommerziell zu verfahren.
> 3. Erschließung eines neuen Absatzmarktes, d. h. eines Marktes, auf dem der betreffende Industriezweig des betreffenden Landes bisher noch nicht eingeführt war, mag dieser Markt schon vorher existiert haben oder nicht.
> 4. Eroberung einer neuen Bezugsquelle von Rohstoffen oder Halbfabrikaten, wiederum: gleichgültig, ob diese Bezugsquelle schon vorher existierte. und bloß sei es nicht beachtet wurde sei es für unzugänglich galt—oder ob sie erst geschaffen werden muß.
> 5. Durchführung einer Neuorganisation, wie Schaffung einer Monopolstellung (z. B. durch Vertrustung) oder Durchbrechen eines Monopols. (S.100-101)

英訳者が d.h.（すなわち）をハイフンで処理している部分がいく
つか散見されるのが興味深い。決して難しい独文ではないが、英
訳者が無用と思った部分を削っているのは以前に指摘した通りで
ある。

2　吉川洋氏（立正大学学長・東京大学名誉教授）によるケインズと
シュンペーターの総合へのアプローチは、この問題と深く関わっ
ているが、これもいずれ触れるときがあるだろう（吉川氏の『い
まこそ、ケインズとシュンペーター に学べ：有効需要とイノベー
ションの経済学』ダイヤモンド社、2009 年を参照）。

3　森嶋通夫『思想としての近代経済学』（岩波新書、1994 年）60 ペー
ジ。

第 5 章
企業家とは誰か

これまで、シュンペーターの意味での「発展」とは何か、発展理論の核となる「イノベーション」とは何かについてみてきたが、肝心の「企業家」とは誰かというシュンペーターの説明はこれから始まる。だが、企業家の定義そのものは、すでに私たちが何度も言及してきたので、代わり映えがないといえばそうかもしれない。彼は次のように言っている。

> The carrying out of new combinations we call "enterprise", the individuals whose function it is to carry them out we call "entrepreneurs". (p.74)

> 「新結合の遂行を「企業」と呼び、新結合を遂行することがその役割であるような個人を「企業家」と呼ぶ。」

　私たちはすでにこの文章の内容はよく知っているはずだが、この定義に忠実に考えると、世の中で企業を経営している人たちのほとんどは企業家とは呼べないことに気づく。なぜなら、新結合を遂行する者以外は企業家ではないのだから。したがって、シュンペーターは、なぜこのような定義に固執するのかについて多くのページ数を割いてる[1]。

所有と経営の分離がまだ進んでいなかった時代、資本家が企業家を兼ねる場合が多かった。だが、シュンペーターは、資本家と企業家を峻別し、資本家兼企業家のような曖昧な立場を排している。次の英文を読んでみよう。

The entrepreneur of earlier times was not only as a rule the capitalist too, he was also often—as he still is to-day in the case of small concerns—his own technical expert, in so far as a professional specialist was not called in for special cases. Likewise he was (and is) often his own buying and selling agent, the head of his office, his own personnel manager, and sometimes, even though as a rule he of course employed solicitors, his own legal adviser in current affairs. And it was performing some or all of these functions that regularly filled his days. The carrying out of new combinations can no more be a *vocation* than the making and execution of strategical decisions, although it is this function and not his routine work that characterises the military leader. Therefore the entrepreneur's essential function must always appear mixed up with other kinds of activity, which as a rule must be much more conspicuous than the essential one. Hence the Marshallian definition of the enterpreneur, which simply treats the entrepreneurial function as "management" in the widest meaning, will naturally appeal to most of us. We do not accept it, simply because it does not bring out what we consider to be the salient point and the only one which specifically distinguishes entrepreneurial from other activities. (p.77)

「もっと古い時代の企業家は、概して資本家であったばかりでなく、ベテランの専門家が特別の場合に招かれない限りにおいて、しばしば彼自身の技術的専門家でもあった（企業家は、今日においても、小企業の場合は、いまだにそうである）。同様に、企業家はしばしば彼自身の購入・販売代理人、事務所長、彼自身の人事部長でもあり、ときには、たとえ一般に弁護士を雇っているのがもちろんであるとしても、日常の業務に関する彼自身の法律顧問でもあった（今日でもそうである）。そして、通常、企業家の日々を満たしているのは、これらの機能の一部またはすべてを成し遂げることであった。新結合の遂行が一つの職業となり得ないのは、戦略上の意思決定の策定と実行がそうでないのと同様である。もっとも、軍事指導者を特徴づけるのは、まさにこの機能であって、彼のルーチンワークではないのだけれども。したがって、企業家の本質的な機能は、つねに他の種類の活動と混合して現れるはずであり、それらの活動は概して本質的なものよりははるかにもっと人目を引くに違いない。それゆえ、マーシャル学派による企業家の定義は、企業家の機能を明瞭に最も広い意味における「経営」として取り扱っているがゆえに、私たちの大部分の心に自然に訴えかけるだろう。だが、私たちはその定義を受け容れることはできない。その理由は、わかりやすくいうと、その定義が企業家の活動の特徴をその他の活動のそ

れから区別する本質的かつ唯一の点であると私たちが見なしているものを明らかにしていないからである。」

Marshallian definition of the entrepreneur は、「マーシャルによる企業家の定義」でもよさそうだが、ドイツ語原典に die Unternehmerdefinition der Marshallschule とあるので、「学派」を補った。

つまり、シュンペーターにとって、企業家機能の本質は「新結合の遂行」にあり、新結合を遂行していないときは「企業家」とは呼べないわけだから、その機能を他の機能とあわせて定義するようなマーシャル学派の思考法はとうてい承服できないし、そもそも企業家をつねにあるかのような「階級」として捉えるのは誤りなのである。次の英文もついでに読んでおきたい。

Because being an entrepreneur is not a profession and as a rule not a lasting condition, entrepreneurs do not form a social class in the technical sense, as, for example, landowners or capitalists or workmen do. Of course the entrepreneurial function will *lead* to certain class positions for the successful entrepreneur and his family. It can also put its stamp on an epoch of social history, can form a style of life, or systems of moral and aesthetic values, but in itself it signifies a class position no more than it presupposes one. And the class position which may be attained is not as such an entrepreneurial position, but is characterised as landowning or capitalist, according to how the proceeds of the enterprise are used. Inheritance of the pecuniary result and of personal qualities may then both keep up this position for more than one generation and make further enterprise easier for descendants, but the function of the entrepreneur itself cannot be inherited, as is shown well enough by the history of manufacturing families.(pp.77-78)

「企業家であることは職業ではなく、一般に永続する状態ではないので、企業家は、例えば地主や資本家や労働者がそうであるように、特有な意味での社会階級を形成しない。もちろん、企業家機能は、成功した企業家とその家族にとってある階級的地位へと導くだろう。それはまた、社会史上の一つの時代に刻印を押し、一つのライフスタイルや、道徳的・審美的価値の体系を形作りうるが、それ自体は、階級的地位を意味するものでも、それを前提にするものでもない。そして、獲得しうる階級的地位も、企業家としての地位ではなく、企業の収益がいかに使われるかに応じて、地主または資本家としての地位として特徴づけられる。金銭的成果の相続や個人的資質の遺伝があれば、この地位を一世代以上に維持し、さらに子孫たちが起業するのをより容易にするかもしれないが、企業家機能それ自体は相続することができない。そのことは、製造業に従事する家族の歴史によって如実に示されている。」

シュンペーターは、次に、新結合の遂行がなぜ特殊な機能なの

かについて語るが、これまで見てきた静態と動態の区別がしっかり頭の中に入っていれば、理解は困難ではない。静態では慣行が支配しているので、それを打ち破るには、一握りの天才の技が必要である。それが企業家による新結合の遂行であったことは言うまでもない。次の英文を読んでみよう。

While in the accustomed circular flow every individual can act promptly and rationally because he is sure of his ground and is supported by the conduct, as adjusted to this circular flow, of all other individuals, who in turn expect the accustomed activity from him, he cannot simply do this when he is confronted by a new task. While in the accustomed channels his own ability and experience suffice for the normal individual, when confronted with innovations he needs guidance. While he swims with the stream in the circular flow which is familiar to him, he swims against the stream if he wishes to change its channel. What was formerly a help becomes a hindrance. What was a familiar datum becomes an unknown. Where the boundaries of routine stop, many people can go no further, and the rest can only do so in a highly variable manner. (pp.79-80)

「慣行の循環的流れにおいては、各個人は迅速かつ合理的に行動することができる。なぜなら、彼は自分の基盤を確信しており、この循環的流れに適合した、他のすべての個人（彼らも同様に彼には慣行の活動を期待しているのだが）の行動に

よって支えられているからである。ところが、彼は、新しい課題に直面したときには、このような行動を簡単にとることはできないのだ。慣行の軌道では、通常の個人には彼自身の能力と経験で十分だが、新しい事態に直面すると、指導が必要である。彼は自分が熟知している循環的流れのなかでは潮流にしたがって泳ぐが、もしその軌道を変更したければ、潮流に逆らって泳ぐ。以前は役に立ったものが、いまや障害となる。以前は与件であったものが、いまや未知のものとなる。慣行の限界がきたところでは、多くの人々はそれ以上進むことができず、後に残った人々の進み具合も、極めて不安定なものにならざるを得ない。」

最初の英文は、While から from him までが長いので、一工夫必要かもしれない。ここでは、who in turn expect the accustomed activity from him の部分を（　）に入れて処理してみた。

『経済発展の理論』では、何度も指摘したように、「イノベーション」ではなく「新結合」という言葉が使われているのだが、上の英文には innovation という言葉が出てくる。そこは、文字通りの「イノベーション」というよりは以前には経験したことがない「新しい事態」か「新しい局面」というくらいの意味だろう。ドイツ語原典では、so bedarf es Neuem gegenüber einer Führung で、つまり「新しいことに対しては指導が必要である」と言っている。英語は簡単なところが意外に難しいものだ。

これまでのまとめとして、シュンペーターは、以下のような図

式化を提示する。

Hence, our position may be characterised by three corresponding pairs of opposites. First, by the opposition of two real processes: the circular flow or the tendency towards equilibrium on the one hand, a change in the channels of economic routine or a spontaneous change in the economic data arising from within the system on the other. Secondly, by the opposition of two theoretical *apparatuses*: statics and dynamics. Thirdly, by the opposition of two types of conduct, which, following reality, we can picture as two types of individuals: mere managers and entrepreneurs. And therefore the "best method" of producing in the theoretical sense is to be conceived as "the most advantageous among the methods which have been empirically tested and become familiar." But it is not the "best" of the methods "possible" at the time. If one does not make this distinction, the concept becomes meaningless and precisely those problems remain unsolved which our interpretation is meant to provide for. (pp.82-83)

「それゆえ、私たちの立場は、相互に向かい合った次の三組によって特徴づけられよう。第一に、二つの実体的過程の対比。すなわち、一方における循環的流れ、または均衡への傾向と、他方における経済的慣行の軌道の変更、またはシステム内部から生じる経済的与件の自発的変更。第二に、二つの

理論的分析用具の対比。すなわち、静態と動態。第三に、現実に沿って、二つの人間類型と見なしうる二つの行動類型の対比。すなわち、単なる経営者と企業家。したがって、理論的な意味における生産の「最善の方法」とは、「経験的に検査され周知となっている方法のなかで最も有利なもの」と理解されるべきである。しかし、それは、その時点で「可能な」方法のなかで「最善」なものではない。もしこのような区別をしないならば、その概念も無意味となり、私たちの解釈によって解明しようと意図している問題もまた全く未解決なままに残されることになる。」

さて、「循環的流れ」と「経済的慣行の軌道の変更」、「静態」と「動態」、「単なる経営者」と「企業家」の区別を明確にしたシュンペーターは、さらに新結合を遂行しようとする企業家が直面する困難を三つの面から指摘している。一つ目は、やや長いが、次の英文によく表れている。いきなり、How different a thing this is と始まるが、これは、その直前にある文章（つまり、新結合の遂行が慣行の軌道を歩むのとはいかに違っているかという趣旨）を受けているからだ。

How different a thing this is becomes clearer if one bears in mind the impossibility of surveying exhaustively all the effects and counter-effects of the projected enterprise. Even as many of them as could in theory be ascertained if one had unlimited time and means must practically remain in the dark. As military action must be taken in a given strategic position even if all the date potentially procurable are not available, so also in economic life action must be taken without working out all the details of what is to be done. Here the success of everything depends upon intuition, the capacity of seeing things in a way which afterwards proves to be true, even though it cannot be established at the moment, and of grasping the essential fact, discarding the unessential, even though one can give no account of the principles by which this is done. Thorough preparatory work, and special knowledge, breadth of intellectual understanding, talent for logical analysis, may under certain circumstances be sources of failure. The more accurately, however, we learn to know the natural and social world, the more perfect our control of facts becomes; and the greater the extent, with time and progressive rationalisation, within which things can be simply calculated, and indeed quickly and reliably calculated, the more the significance of this function decreases. Therefore the importance of the entrepreneur type must diminish just as the importance of the military commander has already diminished. Nevertheless a part of the very essence of each type is bound up with this function. (pp.85-86)

　「これがいかに異なったことであるかは、企画された事業の作用と反作用をすべて余すところなく見渡すのが不可能であることを念頭におくならばさらに明確になる。たとえその多

くが、無限の時間と手段があれば理論上は確定できるものであったとしても、実際上は不明のままに違いない。軍事的行動が、たとえ潜在的に入手できるすべてのデータが利用できなかったとしても、一定の戦略的位置においてとられなければならないように、経済生活においても、何をするべきかについての詳細をすべて理解せずとも行動がなされなければならない。ここでは、成功はすべて洞察にかかっている。洞察とは、いまのところ、たとえ事態が確立していなかったとしても、のちに真実と判明するような方法で事態を見通す能力であり、また行動の基礎となる原理について何もわからなかったとしても、本質的な事実を把握し、非本質的な事実を除外する能力である。周到な準備作業や専門知識、知的理解の広範さ、論理的分析の才能があっても、ある状況では失敗の源泉になるかもしれない。しかしながら、私たちが自然的・社会的世界をより正確に知るようになればなるほど、事実に対する私たちの支配もより完全なものになるだろう。そして、時間の経過や合理化の進展のおかげで、事物が簡単に計算され、実際に迅速かつ正確に計算されるようになる範囲が大きくなればなるほど、この役割の意義はますます減少する。したがって、企業家型の重要性は低下するに違いない。それはちょうど、軍隊の司令官の重要性がすでに低下してしまったのとちょうど同じである。それにもかかわらず、それぞれの類型のまさに本質の一部は、この役割と堅く結びついているのである。」

oneをいちいち「人は」と訳す必要がないことは前作でも述べた。上の英文にも何度も出てくるが、やはりその度に「人は」と訳さなくても誤解を招くことはないので省いてある。

上の英文は、要するに、天才的な企業家の要件の第一がintuition（洞察）をもっているかどうかにあること、それがあれば、企業家が新結合を遂行する上での困難を克服できる大きな一歩となることが理解できればよいのである。

二つ目として、シュンペーターは次のように述べている。

Thought turns again and again into the accustomed track even if it has become unsuitable and the more suitable innovation in itself presents no particular difficulties. The very nature of fixed habits of thinking, their energy-saving function, is founded upon the fact that they have become subconscious, that they yield their results automatically and are proof against criticism and even against contradiction by individual facts. But precisely because of this they become dragchains when they have outlived their usefulness. So it is also in the economic world. In the breast of one who wishes to do something new, the forces of habit rise up and bear witness against the embryonic project. A new and another kind of effort of will is therefore necessary in order to wrest, amidst the work and care of the daily round, scope and time for conceiving and working out the new combination and to bring oneself to look upon it as a real possibility and not merely as a day-dream. This mental freedom presupposes a great surplus force over the everyday demand and is something peculiar and by nature rare.(p.86)

「慣行の軌道に戻ろうという考えは何度も何度も蘇ってくる。たとえそれがすでに不適切なものであり、もっと適切な新しいものがそれ自体なにも特別な困難をもたらしていない場合でさえそうである。固定的な思考習慣やそのエネルギー節約的役割のまさに本質の基礎は、次の事実にある。すなわち、その思考習慣がすでに潜在意識となっており、結果を自動的に生み出すので、批判に耐えられるし、個々の事実の矛盾があってさえも影響を受けないということだ。しかし、まさにそうであるがゆえに、固定的な思考習慣がやがて有用性を失ってしまうと、それは桎梏となるのである。経済の世界でもそれが当てはまる。何か新しいことをしたいという人間の胸中にも、習慣の力が浮かび上がり、成立しつつある計画に反対する証言をおこなうのである。したがって、新しく別の種類の意志が必要である。それは、一日の決まった仕事と気配りの真っ最中に、新結合の考案と完成のための余地と時間を苦労して捻り出し、新結合を単なる夢想ではなく現実に可能なものとしてみずから見なせるようになるために必要なのである。このような心の自由は、日常の要求を超える大きな力の余剰を前提としているので、きわめて特有であり、本来、稀なものである。」

上の英文のキーワードは、a new and another kind of will（新し

く別の種類の意志）だろう。新結合を遂行しようとする企業家の要件の二番目がこれだ。

そのキーワードが出てくる英文は若干長いので、語順の原則に立ち返り、できるかぎり前から後ろへと訳したほうがわかりやすいと思う。

三つ目は、経済の分野で何か新しいことを成し遂げようとする企業家の前に立ちはだかる「社会環境の抵抗」を克服することだが、これについては、以下の英文を読んでほしい。

The third point consists in the reaction of the social environment against one who wishes to do something new.... In matters economic this resistance manifests itself first of all in the groups threatened by the innovation, then in the difficulty in finding the necessary cooperation, finally in the difficulty in winning over consumers. Even though these elements are still effective to-day, despite the fact that a period of turbulent development has accustomed us to the appearance and the carrying out of innovations, they can be best studied in the beginnings of capitalism. But they are so obvious there that it would be time lost for our purposes to dwell upon them.

「第三の点は、何か新しいことをおこなおうと望んでいる人間に対して向けられる社会環境の抵抗にある。……経済問題においては、この抵抗が現れるのは、まず第一に新しいものによって脅かされる集団であり、次に必要とされる協力を見

つけることの困難であり、最後に消費者を徴することの困難においてである。これらの要因は、動乱を伴う発展の期間を経験して私たちが新しいものの出現や遂行に慣れてしまったという事実にもかかわらず、今日でもいまだに作用しているけれども、それらをこの上なく十分に研究できるのは、資本主義の初期段階においてである。しかし、それらはあまりに明白なことなので、その問題に深入りするのは私たちの目的にとって時間の浪費だろう。」

前にも注意したが、英訳にときどき出てくる innovation はドイツ語原典では単に「新しいこと」と表現されているので、この段階のシュンペーターの著作では「イノベーション」とはまだ訳さないほうがよい（以上でも、das Auftreten und Durchsetzen von Neuem と出てくる）。

despite the fact 以下は、直訳では、「動乱的発展の期間が私たちを……に慣れされた」となるが、あまりに翻訳調なので、上の試訳にように改めた。

シュンペーターは、企業家機能について、いま少し興味深いことを記述しているので、もう一回、章を改めて重要な文章を拾っていきたい。

1 経済学における企業家像については、拙著『企業家精神とは何か：シュンペーターを超えて』（平凡社新書、2016 年）を参照のこと。

第 6 章

企業家とは誰か（承前）

シュンペーターの企業家論を続けよう。企業家の三つの要件に
ついてはすでに前章で見た通りだが、シュンペーターは、企業家
機能を経済の分野で発揮される、より広いリーダーシップ（指導
者機能）の一つとして捉えている。さっそく続きの英文を読んで
みよう。

There is leadership *only* for these reasons—leadership, that is, as
a special kind of function and in contrast to a mere difference
in rank, which would exist in every social body, in the smallest
as in the largest, and in combination with which it generally
appears. The facts alluded to create a boundary beyond which
the majority of people do not function promptly by themselves
and require help from a minority. If social life had in all respects
the relative immutability of, for example, the astronomical
world, or if mutable this mutability were yet incapable of being
influenced by human action, or finally if capable of being so
influenced this type of action were yet equally open to everyone,
then there would be no special function of leadership as
distinguished from routine work.(pp.87-88)

「リーダーシップの存在理由は、以上の三つのみに尽きている。すなわち、ここでリーダーシップとは、特殊な種類の機能であり、単なる地位の上下とは異なるものである。というのは、地位の上下は、大小を問わず、どんな社会集団にも存在し、それと結びついてリーダーシップも一般に現れるものだからである。すでに言及した事実は、一つの境界を創り出し、それを超えると、大多数の人々は自分の力だけでは迅速に活動できず、少数の者からの助力を必要とする。もし社会生活がすべての点において例えば天文学的世界のように相対的に不変であったとしたら、あるいは、可変であったとしても、依然として、この可変性が人間の行為によって影響を受けることができないものであったなら、あるいは最後に、そのような影響を受けうるとしても、この種の行動がいまだに誰にでも平等に開かれていたとしたら、日常業務と区別された特別のリーダーシップの機能は存在しないだろう。」

やや長い英文もあるので、定石通り、前から後ろへと読んでいくのを基本としたほうがよい。関係代名詞 which の処理は、いつものように、訳者の腕が問われるが、できるだけ自然な日本語となる工夫を各自考えてほしい。決して一通りではないと思う。

シュンペーターは、まだ言い足りないので、リーダーシップをさらに続けて論じている。

The specific problem of leadership arises and the leader type appears only where new possibilities present themselves. That is why it is so strongly marked among the Normans at the time of their conquests and so feebly among the Slavs in the centuries of their unchanging and relatively protected life in the marshes of the Pripet. Our three points characterise the nature of the *function* as well as the *conduct* or behavior which constitutes the leader type. It is no part of his function to "find" or to "create" new possibilities. They are always present, abundantly accumulated by all sorts of people. Often they are also generally known and being discussed by scientific or literary writers. In other cases, there is nothing to discover about them, because they are quite obvious. To take an example from political life, it was not at all difficult to see how the social and political conditions of France at the time of Louis XVI could have been improved so as to avoid a breakdown of the *ancien régime*. Plenty of people as a matter of fact did see it. But nobody was in a position to *do* it. Now, it is this "doing the thing," without which possibilities are dead, of which the leader's function consists. This holds good of all kinds of leadership, ephemeral as well as more enduring ones. The former may serve as an instance. What is to be done in a casual emergency is as a rule quite simple. Most or all people may see it, yet they want someone to speak out, to lead, and to organise. Even leadership which influences merely by example, as artistic or scientific leadership, dose not consist simply in finding or creating the new thing but in so impressing the social group with it as to draw it on in its wake. It is, therefore, more by will than by intellect that the leaders fulfil their function, more by "authority," "personal weight," and so forth than by original ideas. (p.88)

　「リーダーシップに特有の問題が発生し、リーダーの類型が現れるのは、新しい可能性が見え始めた場合に限られる。それゆえ、リーダーの類型は、征服時代のノルマン民族のあいだでは非常に際立っており、プリピャチ川の沼地で変化がなく相対的に保護された生活を数世紀送ってきたスラブ民族のあいだでは非常に弱いものなのだ。私たちが指摘した三点は、リーダーの類型を構成する機能とともに行為または行動の本質を特徴づけるものである。新しい可能性を「発見」したり「創造」したりすることは、リーダーの機能の一部ではない。新しい可能性はつねに存在しており、あらゆる人によって豊富に蓄積されている。それらはしばしば一般に知られていたり、科学者や文筆家によって議論されたりもしているのである。別の場合では、それらが全く明白であるがゆえに、それらについて発見することは何もない。政治の世界から一例を挙げると、いかにしてルイ16世の時代のフランスの社会的・政治的状況が旧体制（アンシャン・レジーム）の崩壊を回避するように改善され得たかを認識することは少しも困難ではない。多くの人々が、実際、それを認識したのである。だが、誰もそうする地位にいなかったのだ。だから、この「実行する」ということ、それがなければ可能性は死んでいるのであり、リー

ダーの機能もそれを実行することにあるのである。このこと
は、あらゆる種類のリーダーシップに当てはまる。一時的な
ものについても、もっと永続的なものについても等しくそう
である。前者のほうが例として役に立つだろう。思いがけな
い非常事態においてなされるべきことは、概して、全く単純
である。大多数あるいはすべての人は、それを認識している
かもしれないが、それにもかかわらず、彼らは誰かがはっき
り物を言い、導き、そして全体をまとめてほしいと思ってい
る。芸術または科学の分野でのリーダーシップのように単に
模範として人々に影響を与えるリーダーシップでさえ、単純
に新しいことを発見したり創造したりすることではなく、そ
れを通じて社会集団の関心を引き、その結果として人々に必
要とされるようになることにある。したがって、知性による
よりももっと意志の力によって、独創的なアイデアによるよ
りも「権威」、「人格的影響力」その他によって、リーダーは
彼らの機能を果たすのである。」

英文としての難易度は高くはないが、この周辺の英訳にはド
イツ語原典を他のページよりも改変した箇所が多いのがやや気にな
る。ドイツ語の知識がある読者も少なくないので、とくに気に
なった下段のほうの独文を注釈に掲げておこう[1]。独文ではもっ
と丁寧に書いてあることが、ところどころ、削られたり改変され
たりしているのがわかるだろう。英語の勉強のためだけに本書を
読んでいる人は気に煩う必要はないが、英訳にはときにこういう
箇所があることは知っておいたほうがよい。ましてや、学問的に

シュンペーターの経済思想を研究しようとしている人なら、英語だけでは難しいことを肝に銘じてほしい。

上に続く英文も同様で、専門外の人がざっと大意をつかむには差し支えないが、翻訳としてはやや疑問点が散見される。だが、幸にして、日本語版はドイツ語原典から訳されているので、この心配はない。この点は、中山伊知郎、東畑精一、塩野谷祐一の諸教授に深く感謝しなければならないと思う。そこで、以下では、日本語版から二つの重要な指摘を引用しておく（日本語版は、『経済発展の理論』上・下、岩波文庫、1977 年）。

第一は、「企業家」と「発明家」とは同じではないことである（日本語版では、「企業家」ではなく「企業者」という言葉が使われている。以前は、私もそれにあわせて「企業者」を使っていたが、最近は、例外を除いて「企業家」を使うようにしている）。

「発明家あるいは一般に技術者の機能と企業者の機能とは一致しない。企業者は発明家でもありうるし、またその逆の場合もありうるが、しかしそれは原理的には偶然にすぎない。企業者そのものは新結合の精神的創造者ではないし、発明家そのものは企業者でもその他の種類の指導者でもない。彼らのおこなうことが異なっているのと同様に、彼らのおこなうことに対する適性も異なっている。すなわち、「行動」も「類型」も異なるのである。次に、なぜわれわれが企業者行為を「労働」と規定しないかは、もはやなんらの基礎づけも要しない。もちろん、そのように規定することもできよう。しかしその場合には、それは他のあらゆる労働とは異な

るものであり、「指揮的」な、ただ単なる「精神的」労働とも、また企業者が企業者行為以外におこなう労働とも、その性質および機能において根本的に異なるものである。」（日本語版、上巻、231 ページ）

　第二は、アメリカのように成功した経済人が社会的に尊敬されている国では理解されにくいかもしれないが、たとえ企業家が新結合の成功によって大成功を収めたとしても、彼が「人格的に優れている」とか、「社会的威信」を高めることにはならないということである。この箇所は英語版では忠実に訳されていないだけに、日本語版からの引用はとくに重要である。

　「この類型は、他の種類の指導者活動の場合と違って、指導遂行の前提である高い地位にともなうあらゆる外面的光彩を欠いている。この類型は、危機に面した社会階級において指導が「人格」や名望を通じておこなわれるような、他の多くの種類の指導者活動にともなうあらゆる人格的光彩を欠いている。その課題は非常に特殊なものであって、これを解決することのできる人は、他のあらゆる点では賢明であることも、魅力のあることも必要ではなく、また教養のあることも、なんらかの意味で「すぐれたもの」であることも必要ではない。彼は成功の暁に加入する社会的地位にあるものの間で、笑いものにされることすらある。彼は典型的に——本質的に、しかしさらに（必ずしも一致する必要はないが）歴史的にも——成上り者であり、なんらの伝統ももたず、したがっ

て事務室の外にあっては、およそ指導者に似合わぬことだが、しばしば頼りなく、大勢順応的であり、神経質である。彼は経済界の革命児であり——また意図せざる社会的、政治的革命の先駆者であり——、彼自身の仲間も彼より一歩先んじているときには彼を拒否するために、しばしば既成の実業家の間では歓迎されないのである。これらすべての点において、他の種類の指導者類型との間に類似性がある。しかし、他の種類の指導者類型はたいした人目を惹くものではなく、さまざまな理由からであるが、それほど悪評を惹き起こすものではない。したがって、ここでは個人的素質の相違は、企業者類型の運命に対しても、またその類型によって刻印を押された経済形態の運営に対しても、重大な意義をもつのである。」
（日本語版、上巻、232−233 ページ）

　第二点は、シュンペーターの企業家機能の卓越性ばかり聞かされてきた読者には意外かもしれないが、この辺は読み飛ばしてはならない（英語版では正確に訳されていないだけになおさらである）。とはいえ、企業家が何か尋常ならざるものを持っている人間だということは伝わるだろう。
　シュンペーターは、次に、企業家を突き動かす動機を三つ挙げている。第一は、素直に次の英文を読んでみよう。

First of all, there is the dream and the will to found a private kingdom, usually, thought not necessarily, also a dynasty. The modern world really does not know any such positions, but

what may be attained by industrial or commercial success is still
the nearest approach to medieval lordship possible to modern
man. Its fascination is specially strong for people who have no
other chance of achieving social distinction. The sensation of
power and independence loses nothing by the fact that both
are largely illusions. Closer analysis would lead to discovering
an endless variety within this group of motives, from spiritual
ambition down to mere snobbery. But this need not detain us.
Let it suffice to point out that motives of this kind, although
they stand nearest to consumers' satisfaction, do not coincide
with it.(p.93)

　「まず第一に、個人の王国、それは必ずしもそうなる必然性
はないが、ふつうは一つの王朝を建設しようとする夢と意志
がある。現代世界には実際はそのような身分はなくなってい
るのだが、産業的または商業的成功は、現代に生きる人間に
とって、いまだに中世の君主のような地位を獲得しうる最
短の道なのである。その地位の魅力は、他に社会的名声を達
成する機会のない人々にはとくに強いものがある。権力と独
立心の興奮は、その二つが大部分は幻想に過ぎないという事
実によっては何物も失わない。より精密に分析すれば、この
ような一群の動機の内部が限りなく多様であり、神聖な野心
から単なる俗物根性にまで及んでいることを発見するだろう。
しかし、このような議論に手間をとる必要はなく、次のこと
を指摘すれば十分である。すなわち、この種の動機は、消費

者の満足に最も近いところにあるにもかかわらず、ここで問題にしている動機とは一致しないと。」

この部分の英文も、少し改変があるが、ドイツ語原典にあるおおよその意味は伝えていると思う。「個人の王国」や「一つの王朝」を築き上げようという「夢と意志」という言葉は、シュンペーター流の企業家の輝かしいイメージをストレートに表現しているだろう。

第二も、以下の英文をまず読んでもらおう。

Then there is the will to conquer: the impulse to fight, to prove oneself superior to others, to succeed for the sake, not of the fruits of success, but of success itself. From this aspect, economic action becomes akin to sport—there are financial races, or rather boxing-matches. The financial result is a secondary consideration, or, at all events, mainly valued as an index of success and as a symptom of victory, the displaying of which very often is more important as a motive of large expenditure than the wish for the consumers' goods themselves. Again we should find countless nuances, some of which, like social ambition, shade into the first group of motives. And again we are faced with a motivation characteristically different from that of "satisfaction of wants" in the sense defined above, or from, to put the same thing into other words, "hedonistic adaptation." (p.93)

「次に、征服したいという意志がある。すなわち、闘争への衝動、みずからを他者よりも優れていると証明すること、成功の結果ではなく、成功そのもののために成功することである。この側面からみれば、経済行為はスポーツに類似してくる——例えば、金銭上の競争、あるいはむしろボクシング試合のようなものである。金銭上の結果は二次的な考慮対象であり、あるいは、いずれにしても、成功の指標や勝利の兆候として主に評価される。成功や勝利を見せつけることは、しばしば、消費財そのものへの欲求よりも、多額な支出の動機としてはるかにもっと重要なのである。ここでも、無数のニュアンスが見つかるはずであり、そのうちの一部は、社会的野心のように、徐々に変化して最初に挙げた一群の動機となる。そして、ここでも、私たちは上に明確に述べた意味での「欲求の満足」とは違う特徴をもつ動機、言葉を換えていえば、「快楽主義的適応」とは異なった動機に直面するのである。」

この英文も、少々、ドイツ語原典を改変しているが、ここでは目を瞑ろう。要は、「征服したいという意志」のような動機が、消費者の欲望の満足のような動機とは質的に異なることを理解することである。シュンペーターの企業家は野心的である。

第三も、まず、次の英文を読んでもらおう。

Finally, there is the joy of creating, of getting things done, or simply of exercising one's energy and ingenuity. This is akin to a ubiquitous motive, but nowhere else dose it stand out as an independent factor of behavior with anything like the clearness with which it obtrudes itself in our case. Our type seeks out difficulties, changes in order to change, delights in ventures. This group of motives is the most distinctly anti-hedonist of the three. (pp.93-94)

「最後に、創造すること、仕事を成し遂げること、あるいは簡潔にいえば自分のエネルギーと創意を行使することに伴う喜びがある。これは至るところにある動機と類似しているが、行動の独立要因としては、私たちのケースに目立つほど際立って明瞭に現れているところは他にはどこにもない。私たちの類型は困難を探し出し、変化するために変化し、冒険的企てに喜びを感じるのである。このような一群の動機は、三つのなかで反快楽主義的な特徴が最も著しい。」

「創造すること」、「仕事を成し遂げること」、「自分のエネルギーと創意を行使すること」それ自体に喜びを感じる。シュンペーターは、これを企業家の動機づけの最後に挙げており、以上に述べた三つのなかでは最も「反快楽主義的」な特徴が際立っていると指摘している。この部分の英文も、実はもっと原文に即したものにしてほしかったが、動機づけそのものは間違っていない。

　要するに、シュンペーターは、企業家の動機づけのなかに「功利主義的」（ここでは「快楽主義的」という言葉が使われているが）な

要因を持ち込むなと言っているのである。

　これまで、シュンペーターの『経済発展の理論』のなかで最も人気の高い第2章「経済発展の根本現象」を注意深く読んできた。第1章の静態と第2章の動態は、シュンペーター経済学の基礎であり、この二つを正確に理解しなければ『経済発展の理論』を読み通せないことを繰り返し強調しておきたい。

1

Das gilt von allen Fällen von Führerschaft, von der ephemeren—die durch das Beispiel vom brennenden Schiff gegeb ist—wie von der Führerschaft, die sich in Eigenleistung verkörpert und bloß durch das Beispiel wirkt—hierher gehört primitive militärische Führerschaft, überwiegend dann Führerschaft auf künstlerischem oder wissenschaftlichem Feld, zum Teil auch die Führerschaft des modernen Unternehmers; nicht die Leistung als solche bedeutet Führen, sondern die durch sie hindurch ausgeübte Wirkung auf andre: Nicht daß der Führer eines Bittergeschwaders, als erster in den Field reitend, einen Gegner lege artis niedersticht, ist seine Führertat, sondern daß er dabei seine Leute mitzieht—wie endlich von der Führerschaft, die durch den Apparat einer ausgebildeten sozialen Organstellung hindurch handelt. Und der Typus des Führers ist charakterisiert einmal durch eine besonder Art, die Dinge zu sehen—dabei wiederum nicht so sehr durch Intellekt (und, soweit durch diesen, nicht einfach durch Weite oder Höhe, sondern gerade durch eine Enge bestimmter Art) als durch Willeil, durch die Kraft, ganz bestimmte Dinge anzufassen und sie real zu sehen—, durch die Fähigkeit, allein und voraus zu gehen, Unsicherheit und Widerstad nicht als Gegengründe zu empfinden, und sodann durch seine Wirkung auf andre, die wir mit „Autorität", „Gewicht",

„Gehorsamfinden" bezeichnen können und hier nicht weiter zu untresuchen haben. (S.128-129)

第7章

経済はいかに発展するのか

これまでの章を読んできた読者は、シュンペーター『経済発展の理論』の根本理論を理解するための「道具」をすべて手に入れたことになる。以下では、『経済発展の理論』第3章から第6章にわたって具体的に提示された、シュンペーター発展理論のエッセンスをできるだけ手際よく読んでいきたい。

　さて、シュンペーター発展理論の出発点は、これまで繰り返し述べてきたように、静態であった。静態の世界には、本源的生産要素（労働と土地）の所有者以外の経済主体は存在せず、すべての生産物価値は労働用役と土地用役の価値の合計に等しい。だが、静態の世界は、企業家が彗星のように現れて、銀行家の資金援助を得てイノベーションを遂行することによって破壊される。

　イノベーションの成功は企業家に利潤をもたらし、企業家は稼いだ利潤の中から唯一の資本家である銀行家に利子を支払う。この意味で、シュンペーター発展理論においては、企業家利潤も資本利子も、動態の世界でしか発生しないのだった。動態においてのみ利潤や利子が発生するという考え方を「動態利潤（利子）説」と呼んでいるが、このような思考法への批判は少なくないものの、いまはそれは措いておこう。シュンペーターの意図としては、利潤と企業家によるイノベーションの遂行を直結させることによって、循環の軌道に従うだけの「単なる業主」の経営からは

利潤は発生し得ないことを強調する狙いがあったに違いない。

　シュンペーターは、端的に次のように述べている。

Without development there is no profit, without profit no development. (p.154)

　「発展がなければ利潤はなく、利潤がなければ発展もない。」

　簡潔な英文なので、暗唱してみることをすすめたい。動態利潤説の本質を突く名言である。

　ところで、私は、前から、「唯一の資本家としての銀行家」という表現を使ってきたが、それは、シュンペーター発展理論においては、企業家による新結合の遂行を資金面でサポートするのが銀行家以外にいないからだった。そこで、確認のために、シュンペーターによる「資本」の定義を改めて読んでみよう（イタリックは外した）。

Capital is nothing but the lever by which the entrepreneur subjects to his control the concrete goods which he needs, nothing but a means of diverting the factors of production to new uses, or of dictating a new direction to production. (p.116)

　「資本とは梃子にほかならず、それによって企業家は彼が必要とする具体的な財を自分の支配下に置くのである。資本とはまた生産要素を新しい用途に転じるための手段にほかなら

ず、あるいは生産に新しい方向を指令するための手段にほかならない。」

　繰り返しこの点を強調するのは、シュンペーター発展理論では、もし企業家が新結合の遂行に失敗したとき、そのリスクを負担するのは企業家ではなく、唯一の資本家である銀行家だと位置づけられているからである。次の英文を読んでみよう。

The entrepreneur is never the risk bearer. In our example this is quite clear. The one who gives credit comes to grief if the undertaking fails. For although any property possessed by the entrepreneur may be liable, yet such possession of wealth is not essential, even though advantageous. But even if the entrepreneur finances himself out of former profits, or if he contributes the means of production belonging to his "static" business, the risk falls on him as capitalist or as possessor of goods, not as entrepreneur. Risk-taking is in no case an element of the entrepreneurial function. Even though he may risk his reputation, the direct economic responsibility of failure never falls on him. (p.137)

　「企業家は決して危険負担者ではない。私たちの例では、このことは全く明白である。信用を供与した者は、もし企業家の新結合が失敗に終われば、苦境に陥る。なぜなら、企業家が所有している幾らかの財産が返済に充てられるかもしれな

いとしても、しかし、そのような財産の所有は、たとえ役に立つとしても本質的なものではない。しかし、企業家が以前に稼いだ利潤からみずから資金を調達するか、または企業家が自分の「静態的」経営に属する生産手段を提供するとしても、危険は資本家または財の所有者としての彼にふりかかるのであって、企業家としての彼にふりかかるのではない。危険負担は、いかなる場合にも、企業家機能の要素ではない。たとえ企業家は自分の名声を危機に曝すかもしれないけれども、失敗の直接の経済責任は決して企業家にふりかかることはない。」

　巷の解説書の類では、企業家は果敢にリスクをとってイノベーションを遂行するというふうに解説されることも多いが、たとえそれが現実に近いということを認めるに吝かではないにせよ、シュンペーター発展理論の解説としては正確ではない。企業家はあくまで新結合を遂行するのが仕事であり、企業家は新結合のための資金を提供する銀行家とは概念的に区別されなければならない。企業家はいわば「丸腰」なのであり、新結合が失敗したときの損失は銀行家にふりかかるのである。それゆえ、シュンペーターは、企業家は決して危険負担者ではないと強調したのである。
　ところで、いったん一人の天才的な企業家による新結合の遂行が成功すると、彼は一種の「独占利潤」を手にすることができる。だが、それを見て、自分もその利潤の分け前に与ろうと「模倣者」たちによる新結合の遂行が続くようになる。模倣者たちは、天才的な企業家が道を切り開いたあとなので、それほど困難や障

害にぶつかることもなく新結合を遂行することができる。シュンペーターは、これを模倣者たちによる新結合の「群生」と表現しているが、この力によって経済は「好況」を呈するようになる。

　だが、好況が永遠に続くことはない。やがて新結合の成果としての新商品が市場に出回るようになるので、需給関係から価格は低下していく（新結合の群生によって、もはや企業家利潤が稼げないところまで行き着く）。そして、企業家は、利潤から銀行家への債務を返済しなければならないので、新結合が遂行されるときの信用拡大とは反対に、信用収縮が始まり、これも価格の低下に拍車をかける。このような過程は、経済システムが新結合によって創り出された新事態に適応しているときであり、これを「不況」と呼んでいる。このような過程は、経済システムが再び静態の世界に戻るまで続く。ただし、新しい静態は、発展の成果を体現しているがゆえに、出発点の静態よりも実質所得は高く経済的に豊かになっている。かくして、静態に始まり、好況と不況という景気の波を経て新しい静態に辿り着くまでのシュンペーター発展理論の素描は完結する。

　留意すべきは、シュンペーター発展理論においては、不況は新結合によって創造された新事態に対する経済システムの「適応過程」として捉えられていることである。シュンペーターが不況の本質について語った英文を読んでみよう。

The swarm-like appearance of entrepreneurs, which is the only cause of the boom, has a qualitatively different effect upon the economic system from that of a continuous appearance evenly distributed in time, in so far as it does not, like the latter, mean a continuous, and even imperceptible, disturbance of the equilibrium position but a jerky disturbance, a disturbance of a different order of magnitude. While the disturbances caused by a continuous appearance of entrepreneurs could be continuously absorbed, the swarm-like appearance necessitates a special and distinguishable process of absorption, of incorporating the new things and of adapting the economic system to them, a process of liquidation or, as I used to say, an approach to a new static state (Statisierung). This process is the essence of periodic depressions, which may therefore be defined from our standpoint as the economic system's struggling towards a new equilibrium position, its adaptation to the data as altered by the disturbance of the boom. (p.231)

「企業家の群生的出現は、好況の唯一の原因なのだが、それは時間的に均等に分布した企業家の連続的出現の影響よりも、経済システムに対して質的に異なった影響を及ぼす。そのことは、それが、後者のように、連続的かつ知覚さえできない均衡点の攪乱を意味するのではなく、断続的な攪乱、次元の異なった規模の攪乱を意味する限りにおいて言えることである。企業家の連続的出現によって引き起こされた攪乱は、連続的に吸収しうるが、他方、企業家の群生的出現は、特殊で際立った特徴をもつ吸収過程、新しいものを導入し、経済システムをそれらに適応させる過程、整理過程、あるいは私

がかつて使った言葉でいえば、新しい静態への接近（静態化）を必要とする。この過程が周期的不況の本質である。したがって、不況は、私たちの観点では、経済システムが新しい均衡点に向かって苦闘し、好況の攪乱によって変更された与件へと適応しつつあることであると定義されよう。」

　この英文も、前から後ろへ読んでいく原則に沿って読んでいったほうがわかりやすいと思う。

　もっとも、シュンペーターは、不況が「正常な適応過程」であると認めながらも、それがさらに突発的な要因で悪化し、「異常な整理過程」ともいうべき「恐慌」に陥る可能性も認めている。だが、それは、いま解説したシュンペーター発展理論の本質を損なうものではない。次の英文を読んでみよう。

The outbreak of a crisis initiates an abnormal course of events or that which is abnormal in the course of the events. As has been mentioned, it raises no new theoretical question. Our analysis shows us that panics, bankruptcies, breakdowns in the credit system, and so on *need* not but *may* easily appear at the point where prosperity turns into depression. The danger persists for some time, but it is smaller the more thoroughly the process of depression has done its work. If panics occur, then errors, which are first made in such a situation or are merely thrown into relief by it, states of public opinion, and so forth become independent causes, which they could not have been in the normal course of events; they become causes of a depression which exhibits different features and leads to different final results from the normal. The equilibrium that is finally established here is not the same as that which would otherwise have been established. The blunders and destruction cannot in general be corrected and repaired again, and they create situations which in turn have further effects, which must work themselves out; they mean new disturbances, and enforce processes of adaptation which would otherwise be superfluous. This distinction between the normal and abnormal course of events is very important, not only for the understanding of the nature of the thing, but also for the theoretical and practical questions connected with it. (pp.251-252)

　「恐慌の突発は、異常なる経過、あるいは経過における異常なるものを始動させる。しかし、すでに述べてきたように、それは新しい理論的問題を何も提起しない。私たちの分析によって示されたのは、パニック、破産、信用システムの崩壊などは、好況が不況へと転換する点において出現する必然性はないが、容易に出現する可能性はあるということである。その危険はしばらく持続するが、不況の過程がより完璧にその仕事を成し遂げれば遂げるほど、危険はより小さくなる。もしパニックが生じれば、そのとき、誤謬（それはそのような状況で初めて犯されたものか、単にパニックによって際立つようになったものである）や、世論の状態その他が独立の原因

となるが、それらは正常な経過ではあり得なかったものである。そして、それらが今度は不況の原因となり、それによって正常とは異なった特徴が提示され、正常とは異なった最終結果がもたらされることになるのである。ここで最終的に確立した均衡は、そうでなければ確立していただろう均衡とは同じではない。不注意な間違いや破壊は、一般に修正することも回復することもできないが、それらによって創り出された状況が今度はさらに影響を及ぼし、その影響は作用し尽くさなければならない。すなわち、それらは新しい攪乱を意味しており、そうでなければ余計な適応過程を強要するのである。このような正常の経過と異常な経過の区別はきわめて重要である。それは、事態の本質を理解するばかりでなく、それと関連した理論的かつ実践的問題を理解するためにも重要なのである。」

それほど難しい英文ではないが、若干の工夫は必要かもしれない。If panics occur で始まる英文では、errors を which から relief by it までの文章が説明しているわけだが、ここは上に掲げた拙訳のように（　）内で処理することにした。それ以外は、ほぼ原則通りの読み方をしている。

「恐慌」を「異常な整理過程」として捉える見方は、マルクス主義者はお気に召さないだろうが、シュンペーター発展理論の正確な理解のためには、「不況」と「恐慌」の区別は重要である。

シュンペーターの『経済発展の理論』は、主に理論的解明に関心を集中している名著だが、ところどころ、社会科学全般に造

詣の深かった彼の学識の片鱗を垣間見ることは可能である（現在では、理論よりはむしろこのような領域での彼の関心を拡張してシュンペーター体系を捉える解釈もあるが、この点については、いずれ触れることになるだろう）。彼は、企業家による新結合の成功がもたらす社会的地位の上昇とその後の没落について、次のような興味深い文章を書いている。

The successful entrepreneur rises socially, and with him his family, who acquire from the fruits of his success a position not immediately dependent upon personal conduct. This represents the most important factor of rise in the social scale in the capitalist world. Because it proceeds by competitively destroying old businesses and hence the existences dependent upon them, there always corresponds to it a process of decline, of loss of caste, of elimination. This fate also threatens the entrepreneur whose powers are declining, or his heirs who have inherited his wealth without his ability. This is not only because all individual profits dry up, the competitive mechanism tolerating no permanent surplus values, but rather annihilating them by means of just this stimulus of the striving for profit which is the mechanism's driving force, but also because in the normal case things so happen that entrepreneurial success embodies itself in the ownership of a business; and this business is usually carried on further by the heirs on what soon become traditional lines until new entrepreneurs supplant it. An American adage expresses it: three generations from overalls to overalls. And so it may be. Exceptions are rare, and are more than compensated for by cases in which the descent is still faster. Because there are always entrepreneurs and relatives and heirs of entrepreneurs, public opinion and also the phraseology of the social struggle readily overlook these facts. They constitute "the rich" a class of inheritors who are removed from life's battle. In fact, the upper strata of society are like hotels which are indeed always full of people, but people who are forever changing. They consist of persons who are recruited from below to a much greater extent than many of us are willing to admit. Whereupon a further host of problems is opened up, the solution of which alone will show us the true nature of the capitalist competitive system and of the structure of its society. (p.156)

　「成功した企業家の社会的地位は向上し、彼とともに彼の家族の社会的地位も向上する。企業家の家族は、彼の成功の成果として、彼らの個人的行動には直接依存しない地位を獲得する。これが、資本主義世界における社会階級の上昇の最も重要な要因である。それは、古い企業、それゆえ、それに依存している存在を競争的に破壊することによって進行するがゆえに、そこにはつねにそれに対応する没落、特権階級の滅亡、排除の過程がある。このような運命はまた、その力が傾きつつある企業家や、彼のような才能もなく彼の富を相続した後継者たちを脅かしている。こうなるのは、個々の利潤

はすべて枯渇し、競争的メカニズムが剰余価値の永続をいっさい許容せず、むしろまさにそのメカニズムの機動力である、利潤追求の刺激によって剰余価値が消滅させられるばかりでなく、正常の場合には、企業家の成功がその企業の所有それ自体に具体化され、この企業の経営が、新しい企業家によって取って代わられるまで、通常、その継承者たちによってまもなく伝統的な路線となるものに沿って継続されるようになりがちだからである。アメリカのことわざは、それをこう表現している。「三代にして仕事着から仕事着へ」と。それゆえ、それが正しいのだろう。例外は稀であり、例外があっても、それは転落のスピードがさらに速いケースによって相殺されて余りあるものである。企業家やその親戚、さらには企業家の相続人たちはいつでも存在しているので、世論や、社会的闘争の言葉遣いもまた、これらの事実を容易く看過しやすい。それらは、「富める者」を、生活闘争を免除された相続人階級と規定している。事実、社会の上流階層はホテルのようなものであり、つねに人々で満杯なのだが、絶えず変化しつつある人々で満杯なのである。上流階層を構成する人々は、私たちの多くがすすんで認めようとするよりもはるかに大きな程度で下から補充された人々である。その結果、さらに多数の問題が広がってくるのであり、それらの問題を解決することによってのみ、資本主義的競争体制とその社会構造の真の本質が私たちに提示されるだろう。」

なかなか含蓄のある言葉である。もっとも、日本でも一躍有名

になったフランスの経済学者、トマ・ピケティのいうように現代の多くの先進諸国で「格差社会」の固定化という現象が起きているとするならば、必ずしも上のようなシュンペーターの指摘は当てはまらないかもしれない。だが、現代でも、アップルやマイクロソフトの創業者のように、小さな企業から出発し、優れたイノベーションによって財を成した例は決して消滅したわけではないし、彼らの地位も未来永劫安泰とは限らない。シュンペーターの文章は、資本主義の本質とはそのようなものだと語っているのではないだろうか。

さて、これまでシュンペーター発展理論のあらましを読んできたわけだが、同時代を生きた彼のライバルで、やはり20世紀最大の経済学者と評されるケインズの理論（『雇用・利子および貨幣の一般理論』1936年）と比較すると、両者の不況に対する捉え方が著しいコントラストをなしているように思える。

シュンペーターは、繰り返し述べてきたように、不況を企業家のイノベーションによって創り出された新事態に対する「適応過程」として捉えていた。彼は、アメリカで1930年代の大恐慌を目の当たりにしてもなお、このような考え方を変えなかった。ところが、ケインズは、『一般理論』において「有効需要」の不足から不況や失業が生じうることを見事にモデル化し、学界に「ケインズ革命」と呼ばれるほどの大きな衝撃を与えた（ケインズ経済学については、拙著『ケインズを読み直す：入門現代経済思想』白水社、2017年を参照）。シュンペーターがハーヴァード大学で教えたポール・A・サムエルソンやジェームズ・トービンなども、多くはケインズ派になってしまったのだが、シュンペーターは、終生、

その不況観を捨てなかった。

　ケインズの『一般理論』以後に書かれたシュンペーターの『資本主義・社会主義・民主主義』（初版は 1942 年）にも、次のような英文があるので、読んでみることにしよう[1]。

I have mentioned above those industrial revolutions which are so characteristic of the capitalist process. Supernormal unemployment is one of the features of the periods of adaptation that follow upon the "prosperity phase" of each of them. We observe it in the 1820's and 1870's, and the period after 1920 is simply another of those periods. So far the phenomenon is essentially temporary in the sense that nothing can be inferred about it for the future.

　「私は前に、資本主義過程にきわめて特徴的な産業上の変革に触れた。異常な失業は、そのような変革のそれぞれに見られる「好況局面」の後に続く適応期間の特徴の一つである。それは、1820 年代にも 1870 年代にも観察されたし、1920 年以後の期間も、単にもう一つの適応期間に過ぎない。今までのところ、そのような現象は、将来、それについて推測できるものは何もないという意味で、本質的に一時的なものである。」

　だが、たとえシュンペーターがケインズ経済学の理論と政策に批判的であったとしても、彼が『一般理論』に対して無理解で

あったということはあり得ない。批判者はしばしば批判する対象を正確に理解していない（あるいは、理解したがらない）傾向が見られるが、シュンペーターは、このケースには当てはまらない。シュンペーターは、ケインズの生涯を振り返る追悼文のなかで、端的に『一般理論』のモデルの本質を次のように突いている[2]。

The social vision first revealed in the *Economic Consequences of the Peace*, the vision of an economic process in which investment opportunity flags and saving habits nevertheless persist, is theoretically implemented in the *General Theory of Employment, Interest, and Money* (Preface dated December 13, 1935) by means of three schedule concepts: the consumption function, the efficiency-of-capital function, and the liquidity-preference function. These together with the given wageunit and the equally given quantity of money "determine" income and *ipso facto* employment (if and so far as the latter is uniquely determined by the former), the great dependent variables to be "explained." What a *cordon bleu* to make such a sauce out of such scanty material!

「『平和の経済的帰結』において初めて明らかになった社会的ヴィジョンとは、すなわち、投資機会は衰退しているが、それにもかかわらず貯蓄習慣は存続しているという経済過程についてのヴィジョンのことだが、それは理論的には『一般理論』（序文の日付は、1935 年 12 月 13 日）において三つの

表概念を使って完全に成し遂げられた。すなわち、三つとは、消費関数、資本の限界効率関数、そして流動性選好関数である。この三つが、所与の賃金単位と同様に所与の貨幣量と相まって所得を「決定」し、そのことによって雇用を決定するのである（もし雇用が所得によって一義的に決定されるならば、その限りにおいての話だが）。その場合、所得と雇用こそが、「説明」されるべききわめて重要な従属変数なのである。そのように乏しい材料から素晴らしいソースを作るとは、なんという料理の名人なのだろうか！」

シュンペーターとケインズは、ともに20世紀が生んだ天才的経済学者だが、シュンペーターがケインズの仕事を論評した文章がたくさん残されているのとは対照的に、ケインズのシュンペーターの著作への言及はほんの数例しかないのが事実である。資本主義について対照的なヴィジョンをもっていた二人の仕事を現代にどのように生かすかは、私たちに残された課題であり続けていると言ってよいだろう[3]。

1　Joseph A. Schumpeter, *Capitalism, Socialism and Democracy*, first published in 1942, 3rd edition 1950, reprinted with a new introduction by Richard Swedberg, Routledge, 2003,p.70.

2　Joseph A. Schumpeter, "John Maynard Keynes 1883-1946," *American Economic Review*, vol.36, no.4 (September 1946),p.510.

3　吉川洋『いまこそ、ケインズとシュンペーターに学べ：有効需要とイノベーションの経済学』（ダイヤモンド社、2009 年）、同『マクロ経済学の再構築：ケインズとシュンペーター』（岩波書店、2020 年）、根井雅弘『ケインズとシュンペーター：現代経済学への遺産』（NTT 出版、2007 年）などを参照。

第 8 章

失われた一章

これまで、シュンペーターの『経済発展の理論』（第2版、1926年）の英訳を読みながら、彼の発展理論を学んできたが、今日では、第2版では第1版（1912年）の最終章「国民経済の全体像」が削除されていることの意味が再考されつつある。日本では、周知のように、ボン大学時代のシュンペーターに学んだ中山伊知郎と東畑精一がドイツ語原典の第二版を日本語に翻訳し、人口に膾炙した。いまでも岩波文庫で容易に手に入る訳書がそれである。

　シュンペーターは、第2版において第1版にあった最終章（第7章のこと）を削除した理由について、第2版の序文のなかで次のように述べている[1]。

「初版の第七章はまったく省略されている。この一章がおよそ影響力をもったとすれば、それは私にとってはまったく望ましくない仕方でおこなわれた。ことにその中に示された文化社会学の断片は、読者の注意をともすれば無味乾燥な経済理論の問題からそらさせるものであった。しかもこれらの問題の解決が理解されることを私は望んでいるのである。またこの断片はときには一種の賛成論を生み出したけれども、それが私にとって望ましくないことは、私の説にしたがうことのできない人々の反対論と同じであった。」

当時のドイツ語圏では、いまだに歴史学派の勢力が強く、シュンペーターのように「純粋経済学」の意義を強調する研究者は少なかった。『経済発展の理論』という書名から、「経済史」についての研究だと誤解されたのも無理はない。それゆえ、シュンペーターは、次のように注意を喚起せざるを得なかったのである。「新しく付加された副題（「企業者利潤・資本・信用・利子および景気の回転に関する一研究」）はこの誤解に対抗するためのものであって、読者がここで見出すものは、あらゆる他の経済理論と同じように、経済史とはなんの関係もないことを示している」と[2]。

　第2版への序文は、よく吟味しながら読んだほうがよい。シュンペーターは、第1版が誤解を招いたことを気にしていたに違いないのだ。「経済史」ではなく「経済理論」こそが本書の課題なのだと手を替え品を替え言っているのはそのためである。次も第2版への序文からの引用である[3]。

　「われわれが社会生活およびその諸問題について生み出す思考にとって本質的な事象こそが問題であるから——企業者、企業者利潤、資本、信用、利子および恐慌の主題についての見解なしには、またそれらについての誤った見解をもってしては、経済の世界においてわれわれに興味を惹き起こし、われわれを動かしつつあるいっさいのものに対してまったくなんの合理的発言もすることができないであろう——、私はわれわれの主題に接する理論的、統計的特殊問題の叢林にさらに一歩踏み込むよりは、むしろこれらの問題群にとって重要

なことがらを簡潔に、単純に、新しい表現で、またできる限
　り印象的に再び読者に示そうとするほうが事態により忠実で
　あると信じたのである。」

　ところが、いまに始まったことではないが、削除された第 1 版
の最終章に提示された「文化社会学の断片」（シュンペーターの言
葉）、内容からいえば「経済社会学」の部分をよりいっそう高く
評価し、このテーマこそ初期から晩年までのシュンペーターの
関心の中心にあったという解釈が内外で一定の支持を得るように
なった。その代表は、一橋大学で長く教鞭をとった塩野谷祐一
（1932−2015）だろう[4]。塩野谷氏は、通説とは違って、「経済社会
学者」としてのシュンペーターの仕事は、ドイツ歴史学派（シュ
ンペーターが生きていた当時の大物は、グスタフ・フォン・シュモラー）
の問題意識とも親和的であると大胆に主張し、学界に一石を投じ
た。ちょうど 2020 年がシュンペーター没後 70 年という記念の
年にも当たっていたせいか、日本でも、つい最近、『経済発展の
理論』の第 1 版が初めて邦訳されることになった（最終章だけ以
前に邦訳されたことはあるが、全体がまとめて出版されたのは初めてで
ある）[5]。
　私自身は、シュンペーターが経済社会学者としても立派な仕事
を成し遂げたことは否定しないものの、彼をドイツの土壌を忘れ
なかった経済社会学者として経済学史上に位置づける解釈にはど
うしても与し得ない。以前にも書いたように[6]、シュンペーター
が当時の正統派経済学の大物であったアルフレッド・マーシャル
の経済学に挑戦することによってみずからの独創性を獲得しよう

とした経済理論家としての仕事のほうが重要だと考えるからである。だが、ケインズの思想が多面的であったように、シュンペーターの解釈が研究者の問題意識によって多様になることは決して悪いことではない。私はある程度プラグマティックな立場で、経済学・経営学・社会学など様々な学問をバックグラウンドにもった研究者がシュンペーターの思想から問題意識に応じて現代にも通じるアイデアを汲み取ろうとするのは望ましいことではないかと思っている。

　ということで、この章では、英語圏の学術誌に発表された第1版の最終章の英訳を基本テキストにし、必要があれば、ときに脚注で第1版の原書に言及することにしたい。以下、ページ数のみを記すときは、次の英訳テキストのページであることをおことわりしておく。

Joseph A. Schumpeter, "The Economy as a Whole : Seventh Chapter of The Theory of Economic Development," *Industry and Innovation*, vol.9, no.1/2, April/August 2002, pp.93-145.

　第1版の最終章の一部は、削除されたあと、第2版のなかに採り入れられているところも散見されるので、第2版の日本語版の読者なら、読み始めは繰り返しのようで、それほど目新しさはないように思えるかもしれない。だが、一度は、辛抱して全体を読んでほしい。後半に差し掛かれば、シュンペーターの構想（ある時点での一国民の「社会的文化」を一つの統一体として把握し、その国民の「社会的文化発展」もまた統一的な傾向をもっていることが展望さ

れる）が見えてくるに違いない。

For the process of development described above, there are, as has already been stressed in the second chapter, noticeable analogies in other areas of social life, which first of all can contribute to clarifying our conception and moreover can show, that both, placid and active life, in these areas can be understood through another way of consideration, which is parallel to ours. What are these "other areas?" Take as examples the areas of politics, of art, of science, of social life, of moral considerations, etc. A complete list or closer analysis is not necessary at this stage. But with what justification do we distinguish them one from another? Here, one has to observe that in the distinction between those different areas of social life there lies not simply a mere abstraction. While everyone is an economic agent, nobody is solely an economic agent. Everyone is more or less in contact with all the interests mentioned and hardly anyone completely fits any of them. Despite this, our separation of them does not mean simply a dissection of phenomena which are indeed uniform — and this is so for at least two reasons. On the one hand, we find in each of those areas people whose main activity lies in this area. In the area of the economy we find those people who belong to the economic professions in the essential sense, those people, whose profession is economic activity. These are workers, industrialists, merchants, farmers, etc. The author of a treatment on economic history hits upon those people first, as is obvious. The description of an individual state of the economy consists mainly in the image of their situation and of their behavior. In the area of art, one also meets well-defined individuals, in whose activity the development and any given state of the arts consists. One knows by and large in any particular case what has to be understood by the term artists. The same is true in the area of politics. Here, too, we find people whose main interest, whose professional interest so to speak, is rooted in this area and who are characterized thereby. Even those people who for instance have chosen the representation of a political-economic direction as their field of professional activity do not have to belong to the circle of economic agents, whose interests are served by it and even less do they have to have, for instance, the same standing within the industry in question as in politics. This could easily be described in more detail, but this suffices for this discussion. What we want to say, as has already been mentioned, is that **to those areas we distinguished from one another, real groups of people correspond who are in general different from each other**. And in such cases too, when, for instance, the industrialist is motivated by political ambitions or the artist is motivated by economic **gain**, from this it does not follow that the former's concrete mode of behavior is simply political, nor that the latter's is simply economic. No machine is built according to political principles and no picture is painted according to the law of marginal utility. Different groups of people and processes that have to be understood differently characterize the areas we separated.

Thus, this separation is in those cases too not simply an abstraction; one and the same individual can be active in different areas. Were only the traces of his activity in **one** area to show that he is active in **another** one, too, then both activities would in be fact sufficiently independent; our separation appears to be justified. The unity of the personality is not even strong enough to exclude contradictions among the activities of one and the same individual in different areas. In any case it is clear that the activity of the merchant in his office and the behavior of the same merchant as an admirer of art can with respect to terminology be kept in separate compartments without difficulties. These aspects, which stem partly from differences between people, who are active in the single directions, and partly from differences in these directions themselves, make it possible for our purpose, to place those "other areas" mentioned next to those of the economy. (pp.135-136)

かなり長いので、途中で数カ所切りながら読んでいこう [7]。基礎的な概念は、私たちがここまで見てきたものと変わらないので、読んでいくのに支障はないと思う。

「上に述べた発展過程については、第2章ですでに強調され
たように、社会生活の他の領域にも注目すべき類似性が存在
する。その類似性は何よりも私たちの考えを明確にするのに
貢献しうるが、さらに、これらの領域における静穏な生活や
活動的な生活もともに、私たちのものと対応した別の考察方
法によって理解しうることを示すことができる。このような
「他の領域」とは何だろうか。例として、政治、芸術、科学、
社会生活、道徳的配慮、等々の領域をとってみよう。この段
階では、そのような領域の完全なリストを作成したり、より
厳密に分析したりすることは必要ではない。しかし、どのよ
うな根拠をもって、私たちはある領域を他の領域から区別す
るのだろうか。ここで留意すべきは、社会生活のこれらの異
なった領域を区別するとき、そこには単なる抽象だけがある
のではないということである。誰もが経済主体である一方で、
誰として単に経済主体だけということはない。誰もが、程度
の差はあれ、すでに触れた領域のすべてに関心をもっている
が、誰としてそのうちのどれかが完全に適合しているという
ことはほとんどない。それにもかかわらず、私たちがそれら
の領域を分離するのは、単に実際は一体となっている現象を
細分化していることを意味しているのではない──そうなっ
ているのには、少なくとも二つの理由がある。」

長いので、この辺でいったん切ろう。とくに難解な英文はな
い（ドイツ語原典からの英訳も、おおむね忠実になされていると思う）[8]。
だが、シュンペーターが、最終章において経済以外の「他の領

域」に足を踏み込もうとしているのがわかるだろう。経済とそれ以外の「他の領域」との関係をどのように捉えるべきか。もう少し読み進んでみよう。

「一方で、私たちは、それらの領域のそれぞれにおいて、その主な活動がこの領域にある人々を発見する。経済の領域では、本来の意味で経済的職業に属する人々、その職業が経済活動であるような人々がいる。これらの人々は、労働者、産業者、商人、農民などである。経済史を取り扱う書き手が初めに取り上げるのがそれらの人々であることは明白である。経済の個々の状態の記述は、主に彼らの状態と行動を表現することにあるのだ。芸術の領域でも、そのような典型的な個人に出会うが、芸術の発展とその所与の状態はまさに彼らの活動にかかっている。私たちは、全般的にみて、どのような具体的場合において、何が芸術家という言葉で理解されるべきかを知っている。」

この部分の英文も難解ではないが、日本語に移すときは、若干の工夫が必要だろう。The author of a treatment 以下の一文は、as is obvious を「明らかなように」と文法通り訳しても意味は通るが、It is obvious that the author of a treatment のように読み替えてもほとんど意味は同じである。ここでは、語順に配慮して、上のような試訳を掲げた。

「同じことは、政治の領域においても真である。ここでも、

私たちは、その主な関心、いわばその職業上の関心がこの領域に根ざしており、それによって特徴づけられるような人々を発見する。例えば、ある政治経済的指針を代表することを自分の職業活動の分野として選んだ人々でさえ、その利害がその指針によって助けられる経済主体の集団に所属する必要はないし、さらには、例えば、問題になっている産業内において、政治の世界と同じような地位をもつ必要はもっと少ない。これについてもっと詳細に記述することは容易にできようが、ここでの議論のためには以上で十分である。私たちが言いたいのは、すでに言及したように、**私たちがそれぞれ区別した領域には、一般にお互いに異なった現実の人間集団が対応しているということである**。そして、例えば、産業者が政治的野心によって動機づけられたり、芸術家が経済的**利益**によって動機づけられたりしている場合でも、そのことをもって、前者の具体的な行動様式が全く政治的であるとか、後者のそれが全く経済的であるとかいうことにはならないのである。どんな機械も政治的原理に従って造られていないし、どんな絵画も限界効用の法則に従って描かれていない。異なったものとして理解されなければならない異なった人間集団や過程が、私たちが区別した領域を特徴づけているのである。」

ここでまたいったん切ってみよう。この部分の英文も、とくに凝っているわけではなく、シュンペーターのやや込み入った英文を読んだことのある読者には拍子抜けするくらいかもしれない

（もちろん、ドイツ語原典からの英訳であることも関係しているだろう）。上の試訳の強調は、シュンペーター自身のものなので、そこが彼が一番言いたかったことであることは明白である。英文法通りに訳してもほとんど問題がなく読めるので、上の試訳も、それほど手は入れていない。

　「それゆえ、この区別は、それらの場合においても、単なる抽象ではない。すなわち、同一の個人が、他の領域でも活動しうるのである。**一つの**領域における彼の活動の痕跡を辿っていきさえすれば、彼が**別の**領域でも活動していることが確認できたとしても、両方の活動は、実際、十分に独立しているだろう。すなわち、私たちの区別は、明らかに正当化されるのである。人物が同一であることは、異なった領域における同一の個人の諸活動のあいだにみられる矛盾を排除するほど十分に強力であるとさえ言えない。どの場合でも、明らかに、事務所での商人の活動と、同じ商人の芸術の賛美者としての行動は、用語法に関して難なく別の仕切りに置いておくことができる。これらの側面は、一つには別々の方向で活動する人々のあいだの違い、もう一つにはこれらの方向そのものの違いに由来しているのだが、そのような側面があるがゆえに、私たちの目的にとって、経済の領域と並んですでに言及した「他の領域」を配置するということが可能となるのである。」

　最後の These aspects で始まる英文は、文法通りではわかりに

くくなるので、語順の原則に沿って訳した。ここまでは、特別に新しいことを言っているわけではないが、次からは、シュンペーターの経済学を多少とも知っている読者には馴染みの概念が出てくる。

The analogy, now, which we want to recognize and discuss, consists in the following. At any particular point of time each of these areas of social life comes under the shaping influence of data which are analogous to those which determine an economy, at any point of time, in accordance with the formulations of the static theory. This insight once proclaimed the dawn of the scientific understanding of human affairs. Today, it has become common knowledge—and commonplace. The problem to be solved is only to show again, in each single case, how this relationship works in its context, and then to present the essence of it in a precise general treatment. The first problem is a historical one, the second a theoretical one. Up to the present it has only satisfyingly been solved for the field of economics. Nor have we surpassed that particular insight by much. But for our purpose this is sufficient. To select an example: the art of a time is a child of the time. The geographic environment, the circumstances which one can describe as the character of a people or similarly, the social structure, the economic situation, the ruling ideas concerning what is grand and desirable, and what is low and despicable—those aspects form art at any particular point in time. The modern historian attempts to show this in some detail. And the status of artistic life can be explained from those aspects, which specify for it at the same time the tasks and the means and conditions Not in exact terms, perhaps, but anyone feels that herein lies a larger truth. If one is satisfied with it, if one looks at the things from a sufficient distance and from a long run point of view, *sub specie aeternitatis*, then we can say that also here, in the field of artistic creation, there is a theory of statics, a way of consideration which explains things in a similar way as economics explains economic life. (p.136)

「さて、私たちが確認し、論じたいと思っているアナロジーは、以下の点にある。どんな特定の時点でも、社会生活のこれらの領域はそれぞれ与件の影響を受けて形成されているのだが、それは、どの時点でも、静態理論の定式化に従って経済を決定する与件と類似している。このような洞察は、かつて人間に関わる諸問題の科学的理解にとって夜明けを告げるものであった。今日では、それは周知の事柄になってしまった──いや全く陳腐になったと言ってもよい。解かれるべき問題は、各々の場合において、このような関係がそれ固有の文脈でいかに作用するかを再び明らかにし、そのあとで、その本質を厳密かつ一般的な考察方法によって提示することだけである。第一の問題は歴史的なもので、第二の問題は理論的なものである。今日まで、それが満足のいくように解決

されたのは経済学の領域だけだが、そこで得られた特定の洞察を他でも大きく超えている訳ではない。だが、私たちの目的にとっては、これで十分である。一例を選ぼう。すなわち、ある時代の芸術は、その時代の子である。地理的な環境、一国民の性格と呼べるような事情、あるいは簡潔にいえば、社会構造、経済状況、何が偉大で望ましいか、そして何が下劣で卑しむべきかに関する支配的な考え——それらの側面が、どの特定の時点でも、芸術を形成している。現代の歴史家は、これをかなり詳細に明らかにしようと試みている。すなわち、芸術家の生活状態は、それらの側面から説明しうるが、それは、その側面が同時に芸術家にとっての課題や手段や条件を特定するからである。おそらく厳密な言い方ではないが、誰もがここにはより重要な真理が存在すると感じている。もしそれに満足しており、事柄を十分な距離をとって、永遠の相の下に、長期的な観点から眺めるならば、この芸術創造の分野においても、静態理論、すなわち、経済学が経済生活を説明するのと類似の方法で事物を説明するものの見方があるということができるのである。」

ここでは、「他の領域」のなかで芸術の分野が例に挙げられているが、シュンペーターが言いたいのは、経済学において、「与件」（資源、人口、技術、社会組織など）に変化がなければ成り立つような静態理論（上の英文には「静学理論」static theory とあるが、より正確には、『経済発展の理論』第1章で見てきた「静態」の世界といったほうがよいので、「静態」と訳しておく）があるように、「他の領

域」でも、与件が変わらなければ、例えば「ある時代の芸術は、その時代の子である」というように、静態理論に類似の思考法が通用するに違いないということだ。「アナロジー」という言葉が用いられているのはそのためである。

だが、シュンペーターの経済理論では、静態理論の次には「動態理論」または「発展理論」があったはずだ。それゆえ、彼は、「他の領域」でも発展理論のアナロジーが通用する可能性について論じていく。

In each field there are statically disposed individuals and there are leaders. The former are characterized by doing in essence what they have learnt to do; they are moving in a frame that is outmoded, and they are dominated in their views, in their dispositions and in their activity by the determining influence of the circumstance prevailing in their area. The latter by contrast are characterized by their perception of what is new; they change the outmoded frame of their activity, as well as the given data of their area. It should be mentioned briefly that in distinguishing the two types overall in the investigation of economic life we hit upon the same difficulties—without these difficulties shaking the foundations of the differences between them, which are so real. We observe these differences in art, in science, in politics. They emerge everywhere with the same clarity. Everywhere these two types are very clearly demarcated, letting those spirits stand out who create new directions of art, new "schools", new parties. These new divisions put them in contrast with those who are created by the directions of art, "schools" and parties. We always find this analogy between the behavior of the majority in these areas including the economy. This behavior consists, **on the one hand**, in the copying, recognition of, and adaptation to, a given state of affairs of materialistic and idealistic nature, and, **on the other hand**, the behavior of a [new direction-setting] minority in these areas such as that of the economy. The characteristic of this behavior lies herein, that it is oneself who changes the given state of affairs. (pp.138-139)

「それぞれの領域において、静態的な性向をもった個人と指導者が存在する。前者の特徴は、個人が本質的に学んだことをおこない、従来と同じ枠組みで動き、その見解、性向、活動において、その領域において支配的な状況の影響力によって支配されているということである。後者の特徴は、対照的に、何が新しいかを捉える直観力にあり、彼らが旧式の行動枠組みや、彼らの領域において所与の与件を変更するのである。ここで簡単に言及すべきことがある。それは、経済生活の探究において全般的にこの二つの類型を区別するとき、私たちは同じ困難にぶつかるのだが、これらの困難が両者のあいだのきわめて現実的な差異の基礎を揺るがすことはないということである。私たちは、これらの差異が、芸術においても科学においても政治においても存在することを認める。そ

れらはどこでも同じくらい明瞭に現れる。どこでもこれらの二つの類型はきわめて明瞭に仕切られており、新しい芸術の動向、新しい「学派」、新しい政党を創造するような精神を際立たせている。これらの新しい区分によって、それぞれの領域の指導者が、芸術や「学派」や政党の動向によって創造された人々との対照によって引き立てられている。私たちは、つねに、経済を含むこれらの領域における多数派の行動のあいだにこのようなアナロジーを見出している。このような行動は、**一方では**、ある与えられた物質的・理念的性質をもつ事態を受容し、承認し、それに適応することにあるが、**他方では**、経済の領域のように、これらの領域における（新しい動向を決定する）少数派の行動にあるのである。このような行動の特徴はまさにここ、すなわち与えられた事態を変革するのは自分自身だということにあるのである。」

　この英文は、ドイツ語原典から訳すときに多少苦労した形跡が見られるが（原典のほうが「厳密」ではある）、ここでは、そのことは措いておく。真ん中あたりの Everywhere these two types で始まる文章に出てくる those spirits と、次の These new directions で始まる文章に出てくる them は同じものを指していると思われるが、前のほうは「精神」でよくとも、後ろのほうは「彼ら」だけではややわかりにくいので、「それぞれの領域における指導者」と訳しておいた。後ろの英文は、前から後ろへと読んでいったほうが明瞭になるので、上の拙訳では、そのように処理してある。

　さて、ここまでくると、初めに触れたように、シュンペーター

が「ある時点での一国民の「社会的文化」を一つの統一体として把握し、その国民の「社会的文化発展」もまた統一的な傾向をもっている」という構想をもっていたことが次第に明らかになってきたのではないだろうか。だが、それはまだ「構想」ではあっても、具体的な「展開」はないと思う。第7章の終わりにも次のような文章があるのみである。それゆえ、このような「構想」をどのようにふくらませていくかは、その後の研究の進展にかかっており、少なくとも『経済発展の理論』第1版のメインテーマが第7章にあるというのは過大評価であると言わざるを得ない。

This is sufficient for our purpose. Everyone can discover sufficient examples in his own area, which can support and illustrate what has been said. We say that each area of social life has its own development and that the mechanism driving these developments is in its fundamental lines everywhere the same. There is only one question left. How is it possible that despite this relative autonomy of each single field there is only one underlying and large truth, a truth, however, which we sense more than that we can actually prove it. This truth is that every element of any area is at any point of time in a relationship with every element of every other area—that all states of all areas mutually determine each other and belong to each other. Let us call the totality of these areas the **social cultre** of a nation and the basic underlying idea of all its developments the **social**

development of culture. Then we can pose the question as to how it can be explained —according to our conception—that the social culture of a nation is at any point in time a unity and that the social development of culture of any nation always shows a uniform tendency? (p.140)

「以上で私たちの目的のためには十分である。誰でも自分自身の領域において十分な類例を発見できるものだが、その類例のおかげでこれまで述べてきたことを支持したり例証したりすることができるのである。社会生活の各領域はそれに特有な発展を備えており、これらの発展を衝き動かすメカニズムは、その根本的な方向において、どこでも同じであるということができる。ただ一つだけ問題が残されている。各領域はそれぞれ相対的に自立しているにもかかわらず、たった一つの根本的かつ大きな真理が存在するというのはいかにして可能になるのか。その真理というのは、しかしながら、私たちがそれを現実に立証しうるというよりも感じとるというようなものなのだ。この真理とは、どの時点をとっても、どの領域のあらゆる要素も、その他のすべての領域のすべての要素と関連しているので、すべての領域のすべての状態は相互に影響を与え合い、相互になくてはならないということである。これらの領域の総体を一国民の**社会的文化**と呼び、その発展すべての基礎をなす根本的思想を**社会的な文化発展**と呼ぼう。そのとき、私たちは、次のような疑問を提起することができる。すなわち、私たちの思考法によれば、どの時点で

も一国民の社会的文化は一つの統一体であり、どの国民の社会的な文化発展もつねに統一的な傾向をもっていることをいかにして説明しうるかと。」

　着想としては興味深いので、具体的な展開が欲しいところだが、先にも触れたように、この文章のあとはわずかなページ数しか残されておらず、いまだ完成されているとは言い難い。私の評価では、この最終章は、どれほど優れたアイデアに富んでいようとも、第6章までに具体的に展開された発展理論の完成度には及ばない。それゆえ、もし最終章があったがために、経済理論というよりは「文化社会学」とか「経済社会学」が本来の目標と誤解されたのなら、著者が改訂の際にそれを削除するという決断をしたとしても何の不思議もない。ただし、第1版の翻訳も出たので、それを読むことのできる読者の範囲が格段に広がったことは極めて喜ばしいことだと思う。関心があれば、ぜひ読んでみてほしい。

1　J・A・シュムペーター『経済発展の理論』上巻、塩野谷祐一・中山伊知郎・東畑精一訳（岩波文庫、1977年）原著第2版序文、8－9ページ。
2　同前、10ページ。（　）内は引用者が補った。
3　同前、8ページ。
4　塩野谷祐一『シュンペーター的思考』（東洋経済新報社、1995年）を参照のこと。
5　J・A・シュンペーター『経済発展の理論』（初版）八木紀一郎・荒木詳二訳（日本経済新聞出版、2020年）

6 　拙著『シュンペーター』（講談社学術文庫、2006 年）

7 　現在、『経済発展の理論』第 1 版は、第 2 版とは別個に出版され
　　流通しているので、第 1 版のドイツ語原典に言及するときは、次
　　のテキストのページ数を記すことにする。

Joseph Schumpeter, *Theorie der wirtschaftlichen Entwicklung*, Nachdruck
der 1. Auflage von 1912, Duncker & Humblot, 2006.

8 　Joseph Schumpeter, *Theorie der wirtschaftlichen Entwicklung*, Nachdruck
　　der 1. Auflage von 1912, S.535-536.

Für den geschilderten Prozeß der Entwicklung gibt es, wie schon
im zweiten Kaitel betont wurde, beachtenswerte Analogien auf
andern Gebieten des sozialen Lebens, die zunächst dazu beitragen
können, unsre Auffassung weiter zu beleuchten und zu zeigen, daß
Sein und Geschehen auf diesen andern Gebieten sich mit einer der
unsern parallelen Betrachtungsweise erfassen läßt. Was sind diese
„andern Gebiete"? Nun, beispielsweise die Gebiete der Politik, der
Kunst, der Wissenschaft, des geselligen Lebens, der moralischen
Anschauungen usw. Auf eine vollständige Aufzählung oder eine
nähere Analyse kommt es hier nicht an. Aber mit welchem Rechte
unterscheiden wir sie hier voneinander ? Da muß bemerkt werden,
daß in der Unterscheidung solcher verschiedener Gebiete des sozialen
Lebens nicht bloß eine Abstraktion liegt. Allerdings ist jedermann
auch Wirtschaftssubjekt und allerdings ist so gut wie niemand
bloß Wirtschaftssubjekt. Alle die angedeuteten Interessen berühren
jedermann mehr oder weniger und so gut wie nie füllt eines derselben
jemand vollständig aus. Trotzdem bedeutet unsre Trennung derselben
nicht bloß die Sezierung tatsächlich einheitlicher Erscheinungen, und
zwar aus den folgenden beiden Gründen.

第 9 章

ワルラス高評価に隠れたもの

シュンペーターは、よく知られているように、生涯を通じて一般均衡理論を確立したワルラスに尊敬の念を抱いていた。彼がいかにワルラスを高く評価していたかについては、拙著『英語原典で読む経済学史』（白水社）のなかに原文とともにその日本語訳が提示されているので、その本を参照してほしい。

　だが、シュンペーターのワルラス讃を額面通り受けとるだけでは、シュンペーターを真に理解したことにはならないという点に改めて気づいたのは、京都大学での恩師、伊東光晴氏との共著『シュンペーター：孤高の経済学者』（岩波新書、1993 年）を準備しつつある頃だった。二人で議論していたとき、伊東氏はよく「シュンペーターがあれほどワルラスを高く評価したのは、あの偉大なワルラスでさえ解けなかった経済の動態を解明したのは自分だという自負があったからだ」という趣旨のことを言っていたが、私たちの共著にも次のような文章がある（この文章は、もちろん、伊東氏が書いたものである）。

　「シュンペーターがワルラスを「過去における、もっとも偉大な経済学者」と言ったことは、よく知られている。かれはこうしたことを書き、また「みのり多き 20 代の人」に語っている。……

だがシュンペーターの真意は、たんにワルラスを過去最大の経済学者であると考えただけではなかった。かれがもっと主張したかったのは、そのワルラスをもってしても資本主義を資本主義たらしめるものを解くことはなかった。それを解明しようとしたものこそ、自らの著書『経済発展の理論』だ、というものなのである。」(『シュンペーター』30 ページ)

　しかし、「ワルラスを超える」には、本当の意味でワルラス理論を徹底的に理解しておかねばならない。現代からはあまり想像がつきにくくなったが、シュンペーターが『経済発展の理論』を世に問うた当時、経済学界において世界的な権威をもっていたのは、アルフレッド・マーシャルの『経済学原理』であって、決してワルラスの『純粋経済学要論』ではなかった。そのような時代に、将来の理論経済学がワルラス理論を基礎として発展していくに違いないと正確に見抜くことができたのはごく少数であった。シュンペーターは例外だったと言ってもよい。

　経済学史や経済思想史の分野で仕事をしている研究者は、何らかの研究対象について、一度はシュンペーターの遺作『経済分析の歴史』(1954 年)をひもといてみるものだが、その本の刊行当時、ワルラスの『純粋経済学要論』についてあれほど的確な批評を著した者はいないと言ってよいほどだ。例えば、次の英文を読んでみよう[1]。

More generally, and at the same time more simply, we say that we have determined a set of quantities (variables) if we can indicate relations to which they must conform and which will restrict the possible range of their values. If the relations determine just a single value or sequence of values, we speak of unique determination—a case that is, of course, particularly satisfactory. The relations may yield, however, more than one possible value or sequence of values—which is less satisfactory but still better than nothing. In particular, the relations may determine only a range. In the light of what has been said in the preceding paragraph, we realize that 'determining' a set of quantities in the sense in which we use this phrase is indeed not all that is involved in the task of 'explaining' a phenomenon. But we also realize that it is an indispensable and important part of—or, more precisely, an indispensable step in—this task. And this answers the question, so often asked with a sneer, why theorists should bother so much about 'mere determinateness.'

If the relations which are derived from our survey of the 'meaning' of a phenomenon are such as to determine a set of values of the variables that will display no tendency to vary *under the sole influence of the facts included in those relations per se*, we speak of equilibrium: we say that those relations define equilibrium conditions or an equilibrium position of the system and that *there exists* a set of values of the variables that *satisfies* equilibrium conditions. This need not be the case, of course— there need not be a set of values of variables that will satisfy a given set of relations, and there may exist several such sets or an infinity of them. Multiple equilibria are not necessarily useless but, from the standpoint of *any* exact science, the existence of a 'uniquely determined equilibrium (set of values)' is, of course, of the utmost importance, even if proof has to be purchased at the price of very restrictive assumptions; without any possibility of proving the existence of uniquely determined equilibrium— or at all events, of a small number of possible equilibria— at however high a level of abstraction, a field of phenomena is really a chaos that is not under analytic control. Again, we derive a simple and convincing answer to the layman's question concerning the good we expect from all our worry about 'determined equilibrium'—and to the more specific question why this concept played such a role in the thought of Walras and Marshall.

「もっと一般的に、かつ同時にもっと簡潔にいうと、私たちは、ある一組の数量（変数）が次のような条件を満たすとき、それが決定されたということができるのである。すなわち、その一組の数量（変数）が従わなければならない関係や、その値の可能な範囲を制約する関係を一般的に述べることができるときである。もしそのような関係がちょうど一つの値または一つの値の継起を決定するならば、私たちは一意的な決定（もちろん、これが特に満足のいく場合である）について語ることができる。しかしながら、それらの関係が一つ以上の可能な値または値の継起を生み出すかもしれない。その場合は

満足度は劣るが、それでも解がないよりはましである。とくに、そのような関係が決定するのが一つの幅のみという可能性もあるのである。前のパラグラフで述べたことに照らし合わせると、私たちがこの言い回しを使っている意味で一組の数量を「決定する」とは、実際、ある現象を「説明」するという課題に含まれることのすべてではないと明確に理解できる。しかし、私たちが同時に理解するのは、それがこの課題の不可欠かつ重要な部分（あるいは、もっと正確にいえば、この課題における不可欠な段階）だということである。そして、これが、しばしば冷笑されながら尋ねられる質問、すなわち、なぜ理論家は「単なる決定性」についてそれほど思い悩むのかという質問に対する答えなのである。

　もしある現象の「意味」とは何かについて私たちの考察から導出された関係が、諸変数の一組の値を決定し、それがそれらの関係それ自体に含まれる事実の影響だけのもとで変化する傾向を全く示さないようなものであれば、私たちは均衡について語ることができる。すなわち、そのとき、私たちは、それらの関係がその体系の均衡条件または均衡状態を定義し、また均衡条件を満たす諸変数の一組の値が存在するということができるのである。もちろん、これが典型的な場合であるとは限らない——与えられた一組の関係を満たすのが、諸変数の一組の値であるとは限らないし、複数個の組や無限の組が存在するかもしれない。多数均衡は必ずしも無用ではないが、いかなる精密科学の観点からみても、「一意的に決定される均衡（一組の値）」の存在が、もちろん、最高度の重要性

をもっている。たとえその証明のためには、非常に制約的な仮定を置くという代償を払わなければならないとしてもそうである。なぜなら、どれほど高度な水準の抽象化においてであれ、一意的に決定される均衡——あるいは、いずれにしても、少数個の可能な均衡——を証明する可能性が何もなければ、現象領域は全く一つのカオスであり、分析という制御下にはないからだ。ここでも、私たちは、「確定的な均衡」についてあれこれ思い煩うことからどのような利益が期待できるのかという点に関する素人の疑問に対する簡潔で説得力のある答えを引き出すことができる——さらには、なぜこの概念がワルラスやマーシャルの思想においてきわめて大きな役割を演じるのかというもっと具体的な疑問に対する答えにもなっているのである。」

シュンペーターがワルラスの『純粋経済学要論』をきわめて高く評価した事実は揺るがない。だが、現代経済学の教科書で学ぶワルラスの一般均衡理論ではなく、『純粋経済学要論』そのものを精読すると、ワルラス研究から出発したシュンペーターが、ワルラス理論に何が足りないと考えたかがよく理解できる。

例えば、ワルラスの『純粋経済学要論』にも確かに「企業家」が登場しているが、すでに『経済発展の理論』の第1章で読んだように、ワルラスの「企業家」は一般均衡状態では「利益も得なければ損失も蒙らない」ような消極的な経済主体に過ぎなかった。シュンペーターがそのような「適応型」の企業家像に満足できず、のちにイノベーションの遂行を任務とする「創造型」の企業家像

を提示したことはもはや繰り返すまでもないが、経済学史を隅々まで熟知していたシュンペーターは、『経済分析の歴史』の脚注において、ワルラスの企業家像が、企業家論の歴史において、どのように位置づけられるかについて簡潔に触れている[2]。

Although Walras blamed English economists for confusing the entrepreneurial function with that of the capitalist and French economists for confusing it with that of labor (entrepreneurship being a kind of labor), his theory of entrepreneurship does not go much further or deeper than J.S.Mill's or J.B.Say's. All he did was to isolate the 'combining function' more clearly. As is shown by the fact that he admitted corporations into the circle of entrepreneurs, his conception was one belonging to the range of ordinary business routine and is roughly equivalent to Marshall's fourth productive agent, organization.

「ワルラスは、イギリスの経済学者たちが企業家の機能と資本家の機能を混同しており、フランスの経済学者たちが企業家の機能を労働者の機能と混同している（企業家精神を一種の労働であると捉えている）と非難したけれども、彼の企業家精神の理論も、J・S・ミルやJ・B・セイのそれよりも前進しているとも深化しているとも言えなかった。ワルラスがなしたのは、生産要素を「結合する機能」をより明確に孤立化させたことに尽きている。ワルラスが法人を企業家の範疇に入れた事実に示されているように、彼の考え方は、日常の実務

慣行の範囲に属するものであり、おおよそ、マーシャルの第四の生産要素である組織に等しい。」

　企業家論の歴史について、詳細は拙著『企業家精神とは何か：シュンペーターを超えて』（平凡社新書、2016年）を参照してほしいが、シュンペーターは、ワルラスが、イギリスの経済学者と違って、企業家と資本家が峻別されることに気づいていたことは正確に理解している。だが、上の文章にもあるように、ワルラスが企業家機能を生産要素を「結合する機能」に限定していることに不満を抱いていた。それは「適応型」の企業者像に過ぎないからである。それに対して、シュンペーターが構想した「創造型」の企業家像がどのようなものであったかについては、『経済発展の理論』の第2章を読んだときに触れたので、ここでは繰り返さない。

　ここで考えてみたいのは、もう一つ別の論点である。ワルラスの一般均衡理論にも、「資本家」（資本用役の所有者の意味）が登場しているが、これはシュンペーターが発展理論において唯一の資本家として位置づけた「銀行家」とは明らかに違う。シュンペーターの「銀行家」は、動態において「企業家」によるイノベーションの遂行を信用創造によって支援する者として現れたのだった。「信用創造」という現象は、シュンペーターの時代には、ドイツの銀行家で経済学者、ルートヴィヒ・アルベルト・ハーン（1889−1968）の『銀行信用の国民経済的理論』（初版は1920年、第3版1930年）において体系的に分析されたが、シュンペーターが『経済分析の歴史』のなかで強調しているのは、信用創造が経

済理論のメインストリームに採り入れられるのがずいぶん遅れた
という事実である（シュンペーターは、ハーンの本の初版を1924年と
勘違いしているが、正確には1920年である）。次の英文を読んでみよ
う[3]。

For the facts of credit creation—at least of credit creation in
the form of banknotes—must all along have been familiar to
every economist. Moreover, especially in America, people were
freely using the term Check Currency and talking about banks'
'coining money' and thereby trespassing upon the rights of
Congress. Newcomb in 1885 gave an elementary description
of the process by which deposits are created through lending.
Toward the end of the period (1911) Fisher did likewise. He
also emphasized the obvious truth that deposits and banknotes
are fundamentally the same thing. And Hartley Withers
espoused the notion that bankers were not middlemen but
'manufacturers' of money. Moreover, many economists of
the seventeenth and eighteenth centuries had had clear, if
sometimes exaggerated, ideas about credit creation and its
importance for industrial development. And these ideas had not
entirely vanished. Nevertheless, the first—though not wholly
successful—attempt at working out a systematic theory that
fits the facts of bank credit adequately, which was made by
Macleod, attracted little attention, still less favorable attention.
Next came Wicksell, whose analysis of the effects upon prices of

the rates charged by banks naturally led him to recognize certain aspects of 'credit creation,' in particular the phenomenon of Forced Saving. Later on, there were other contributions toward a complete theory, especially, as we should expect, in the United States. Davenport, Taylor, and Phillips may serve as examples. But it was not until 1924 that the theoretical job was done completely in a book by Hahn, and even then success was not immediate. Among English leaders credit is due primarily to Professors Robertson and Pigou not only for having made the theory palatable to the profession but also for having added several novel developments. Elsewhere, especially in France, resistance has remained strong to this day.

The reasons why progress should have been so slow are not far to seek. First, the doctrine was unpopular and, in the eyes of some, almost tinged with immorality—a fact that is not difficult to understand when we remember that among the ancestors of the doctrine is John Law. Second, the doctrine ran up against set habits of thought, fostered as these were by the legal construction of 'deposits': the distinction between money and credit seemed to be so obvious and at the same time, for a number of issues, so important that a theory which tended to obscure it was bound to be voted not only useless but wrong in point of fact—indeed guilty of the elementary error of confusing legal-tender money with the bookkeeping items that reflect contractual relations concerning this legal-tender money.

And it is quite true that those issues must not be obscured. That the theory of credit creation does not necessarily do this seemed small comfort to those who feared its misuse.

「なぜなら、信用創造——少なくとも銀行券の形での信用創造——は、ずっと経済学者すべてにとって馴染みのものであったに違いないからである。さらに、とくにアメリカでは、人々は自由に「小切手通貨」という言葉を用いていたし、銀行が「貨幣を鋳造」し、それによって連邦議会の権利を不法に侵害していることについて語っていた。ニューコムは、1885年、預金が貸付を通じて創造される過程について初歩的な説明を与えた。この時期の終わり頃（1911年）、フィッシャーも同様のことをした。彼が同時に強調したのは、預金と銀行券が根本的に同じものだという自明の真理であった。そして、ハートレー・ウィザーズが、銀行家は貨幣の仲介人ではなく「製造業者」なのだという見解を擁護した。さらにいえば、17世紀と18世紀の多くの経済学者は、ときに誇張されていたとはいえ、信用創造とその産業発展にとっての重要性について、すでに明確な考えを抱いていたのである。しかも、これらの考えは、完全に消滅してしまっていたわけではなかったのである。それにもかかわらず、銀行信用の事実に適合した体系的な理論を考案する最初の試み——必ずしも全面的に成功したわけではないが——は、マクラウドによってなされていたのだが、それはほとんど注目を浴びなかったし、まして好意的な注目を引くこともなかった。次に登場

したのがヴィクセルである。彼は、銀行による貸付利子率が物価にどのような影響を及ぼすかを分析したが、その分析に自然に導かれて、「信用創造」の若干の側面、とりわけ「強制貯蓄」という現象を認識するようになった。しばらくして、完全な理論に向けての他の貢献が、当然予想されるように、とくに合衆国に現れた。ダヴェンポート、テイラー、そしてフィリップスがその例として挙げられるだろう。しかし、1924年になって初めて、その理論的な仕事がハーンの著書において完全に成し遂げられたのである。それでも、そのときでさえ、即時の成功を収めたわけではなかった。イギリスの理論的指導者のなかでは、主としてロバートソンとピグーの両教授に栄誉が与えられるべきである。というのは、彼らがその理論を経済学の専門家たちにも受け容れられやすいものにしたばかりでなく、いくつかの新しい成果も追加したからである。その他のところでは、とくにフランスにおいて、信用創造に対する抵抗が今日に至るまで強く残っている。

　なぜ進歩がそれほど緩慢にならざるを得なかったのかという理由は、すぐにわかる。第一に、その学説は不人気であったし、若干の人の目には、ほとんど不道徳に染まっているように映った——この事実は、その学説の先駆者のなかにジョン・ローがいることを思い出せば理解しがたいことではない。第二に、その学説は、「預金」についての法律的解釈によって助長された型どおりの思考習慣とぶつかっていた。すなわち、貨幣と信用の区別は、あまりにも明白であり、同時に多くの問題にとってきわめて重要であるように思えるので、そ

の区別を曖昧にする傾向のある理論は、無用であるばかりでなく、実際に誤っていると判定される運命にあった——確かに、法定貨幣と、この法定貨幣に関する契約関係を反映した簿記上の項目とを混同するという初歩的な誤りを犯していると。しかも、それらの問題は曖昧にしておくべきではないというのは、全く正しいのだ。もっとも、信用創造の理論が必ずしもこの区別を曖昧にするものではないということは、その理論の誤用を恐れる者にとっては、少しは救いになっているように思えた。」

やや長い文章になったが、シュンペーターの発展理論において企業家のイノベーションを資金面で支援する銀行による信用創造というアイデアには、先駆者たちによる長い前史があったことを記憶に留めておいてほしい。シュンペーターは、信用創造論を巧みにみずからの発展理論のなかに採り入れ、「企業家」と「銀行家」が手を携えてイノベーションを遂行し、経済を発展させていく過程を解明したのである。

1 Joseph A. Schumpeter, *History of Economic Analysis*, first published in 1954, with a new introduction by Mark Perlman, Routledge, 2006, pp.934-935.

2 *Ibid.*, pp.966-967.

3 *Ibid.*, pp.1081-1083.

参考訳

J・A・シュンペーター『経済分析の歴史』下巻、東畑
精一・福岡正夫訳（岩波書店、2006 年）

第 10 章

資本主義をどのように捉えるか

シュンペーターの資本主義観については、『経済発展の理論』のあらましを学んできた私たちにはほとんど自明だが、もう少し具体的な論点をいくつか拾っていきたい。もちろん、シュンペーターが書いた論文は膨大にあるので、その全体を読むことは不可能だが、「英語を読む」という趣旨にも配慮し、興味深い文章を紹介していこう。

　シュンペーターは、何度も繰り返したように、資本主義を資本主義たらしめるのは企業家によるイノベーションの遂行であるという堅い信念をもっていた。それは、シュンペーターのあらゆる著作を貫いているが、「資本主義」と呼ばれる経済体制が歴史的にどのように進化してきたかについての見解は、『エンサイクロペディア・ブリタニカ』（1946年）のために書かれた一般向きの啓蒙論文に簡潔に提示されている[1]。これは西洋経済史への案内としても読むことができるだろうが、やはり経済理論家であったシュンペーターの手によるものだけに、ところどころ、彼らしい文章を発見することができる。

　まず、シュンペーターが資本主義をどのように定義しているのか、次の英文を読んでみよう[2]。

A society is called capitalist if it entrusts its economic process

to the guidance of the private businessman. This may be said
to imply, first, private ownership of nonpersonal means of pro-
duction, such as land, mines, industrial plant and equipment;
and, second, production for private account, *i.e.*, production by
private initiative for private profit. But, third, the institution
of bank credit is so essential to the functioning of the capitalist
system that, though not strictly implied in the definition, it
should be added to the other two criteria.

「ある社会が資本主義的と呼ばれるのは、その経済過程が民
間のビジネスマンの指導に委ねられている場合である。これ
は次のことを意味していると言ってもよいだろう。すなわち、
第一に、人格をもたない生産手段（例えば土地、鉱山、産業上
の生産設備一式のような）の私有、第二に、民間の取引のため
の生産（すなわち、民間のイニシアチブによる民間の利潤のための
生産）である。しかし、第三に、銀行信用の制度は、資本主
義体制が機能するにはきわめて重要なので、厳密には資本主
義の定義には含まれないけれども、他の二つの基準に追加さ
れるべきである。」

シュンペーターがいうように、第一と第二の基準でふつうに
「資本主義」を定義するには十分のように思えるが、これまで見
てきたように、シュンペーターの発展理論では、銀行による信用
創造が大きな役割を演じているので、第三の「銀行信用の制度」
が追加されている。興味深いことである。

この「資本主義」と題された論文は、有名な百科事典のために書かれたという事情もあって、「初期資本主義」、「重商主義的資本主義」、「完全な資本主義」というように段階を踏んで読者に満遍ない知識を与えることを十分に意識して書かれている。それでも、シュンペーターらしい叙述は、あちこちに散見される。彼は、「資本主義」というタイトルの論文から、読者の多くがマックス・ウェーバー（1864−1920）の有名な『プロテスタンティズムの倫理と資本主義の精神』（1904−05 年）を想起するだろうということを意識しながら、次のように書いている[3]。

Some economists, among whom it must suffice to mention Max Weber, have felt the need of explaining the rise of capitalism by means of a special theory. But the problem such theories have been framed to solve is wholly imaginary and owes its existence to the habit of painting unrealistic pictures of a purely feudal and a purely capitalist society, which then raises the question what it was that turned the tradition-bound individual of the one into the alert profit hunter of the other. According to Weber, it was the religious revolution that, changing humanity's attitude toward life, produced a new spirit congenial to capitalist activity. We cannot go into the historical objections that may be raised against this theory. It is more important that the reader should realize that there is no problem. Nothing but proper attention to the details of the social and economic structure of the middle ages and of the economic history from the 8th to the 16th century is necessary in order to understand that transformation. Far from being stationary or tradition-bound or hostile to economic activity, the medieval world offered plenty of opportunity for rudimentary entrepreneurial venture. Success and failure taught their lessons. And each lesson produced an increment of capitalist practice and capitalist spirit alike.

　「一部の経済学者（そのなかではマックス・ウェーバーに言及すれば十分なはずだが）は、資本主義の勃興をある特別な理論によって説明する必要を感じてきた。しかし、そのような理論はその問題を解くために考え出されたのだけれども、その問題は全く想像上のものであり、その存在を、純粋に封建的な社会と純粋に資本主義的な社会という非現実的な図面を描く習慣に負っている。というのは、そこから、一方における伝統に束縛された個人を、他方における機敏な利潤追求者に転換させたものは何だったかという問題が提起されたからである。ウェーバーによれば、宗教改革こそまさに、生活に対する人間の態度を変化させることによって、資本主義的活動に適した新しい精神を生み出したのである。私たちは、この理論に対して提起されうる歴史的異論を詳しく論じることはできない。より重要なのは、読者が、そのような問題は存在しないことを明確に理解することである。あのような変形過程を理解するには、中世の社会的・経済的構造や、8世紀から16世紀に至る経済史の詳細に適切な注意を払う以外にない。

中世の世界は、決して静態的でも伝統に束縛されていたわけでも経済活動に敵対的であったわけでもなく、萌芽的な企業家的冒険に対して多くの機会を提供したのである。成功と失敗は、その教訓を与えた。そして、それぞれの教訓のおかげで、資本主義の営みと資本主義の精神が同じように次第に醸成されたのである。」

　上の英文のなかでは、But the problem such theories have been framed to solve 以下の訳し方が引っかかるだろう。「そのような理論が解決するために考え出されたその問題は」では、いかにも読みにくい。言いたいことは、the problem is wholly unrealistic なので、although such theories have been framed to solve のように読み替えると、訳しやすくなる。あとはほぼ語順の原則に則して上の試訳を提示した。

　では、シュンペーターは、「完全な資本主義」（彼は、この論文では、Intact Capitalism という表現を使っている。intact は「無傷の」から「完全な」という意味にもなる。晩年、彼はよく unfettered capitalism、つまり「拘束なき資本主義」という言葉を使ったが、intact capitalism もほぼそれに等しいと見なしてよい）をどのようなものと考えているのだろうか。少々長いが、以下の英文を読んでみよう[4]。適当なところで切って訳してみる。

Accelerated change in technology and organization that revolutionized first agriculture and then industry (*see* THE INDUSTRIAL REVOLUTION; last quarter of the 18th, first quarter of the 19th centuries) produced a significantly different social pattern which may be termed Intact Capitalism and prevailed substantially from the Napoleonic wars to the end of the 19th century. The familiar features of its political complement, liberalism, were laissez-faire, in particular free trade, and "sound money" (meaning unrestricted gold currency), or at least tendencies toward these goals; a pacific, though far from pacifist, attitude toward foreign nations and, though with many relapses, toward colonies; unprecedented respect for personal freedom not only in economic but in all matters; increasing "democratization," meaning extension of the suffrage and the secret ballot. For a time, the state and its bureaucracy were in full retreat. But nothing is more characteristic of the spirit of that age than its fiscal policy of which William E. Gladstone was the most representative as well as the most brilliant exponent. The principle of leaving individuals to themselves and of trusting their free interaction to produce socially desirable results cannot be better expressed than it was by the three rules which sum up that policy: that public expenditure should be limited to the minimum required for the essential services ("retrenchment"); that budgets should not only balance but display a surplus to be applied to the reduction of the national debt; and that taxation should serve no other purpose than that of raising the necessary revenue, and exert as little effect as possible on the distribution of income and on the channels of trade, from which it followed that it must be light. The income tax was an essential part of this program; but it was not less essential that it should be so low as to constitute a minor item in the taxpayer's total expenditure. We cannot enter into the question whether the social legislation of the period—protection to women and children, hours acts, factory acts, social insurance, the recognition of trade unions and of collective bargaining, etc.—was in accord with these policies or spelled deviation from them. We merely note that it was not absent.

「技術と組織における加速的な変化は、最初に農業、次に工業を変革したが（「**産業革命**」、すなわち18世紀の最後の四半世紀と19世紀の最初の四半世紀を見よ）、その変化は著しく異なった社会的類型を生み出した。それは「**完全な資本主義**」と呼んでもよいが、大体において、ナポレオン戦争から19世紀の終わりまで支配的であった。その政治的補完物である自由主義のお馴染みの特徴は、自由放任、とくに自由貿易と「健全通貨」（制約のない金通貨を意味する）であり、あるいは、少なくともこれらの目標に向けた傾向であった。さらに、決して平和主義ではないものの、諸外国に対する平和的態度と、何度も逆戻りしながらではあるが、植民地に対する平和的な態度。経済問題ばかりでなくすべての問題において個人的自由を前例のないほど尊重すること。「民主化」の進展、すなわち選挙権の拡大と無記名投票、であった。一時、国家と官僚制は、完全に後退していた。しかし、その時代の精神を特

徴づけるものとしてはその財政政策以上のものはない。そして、ウィリアム・E・グラッドストンこそが、その財政政策を第一に代表するとともに、最も巧みに擁護した者であった。」

　ひとまず、ここで切ろう。Accelerated change で始まる出だしの英文は、原則通り、語順に留意して訳したほうが読みやすいので、上の試訳もそのように提示した。シュンペーターの長めの文章は、概して、前から後ろに読んでいくほうがわかりやすいと思う。

　もう一つ気をつけるべきところは、But nothing is more characteristic で始まる英文だが、これも直訳して、「グラッドストンがその第一の代表であるとともに最も巧みな擁護者であった財政政策以上に」と続けたのでは、文章としてしっくりしていない。its fiscal policy まで語順通りに訳し、次につなげていったほうが読みやすいだろう。

　「個人を好きなように放任し、彼らの自由な相互作用が社会的に望ましい結果を生み出すことを頼みにするという原理は、その政策を要約する三つの規則以上に適切に表現され得ないだろう。すなわち、公共支出は必須のサービスが要求する最低限に制限されるべきであること（「経費節約」）。予算は収支均衡するばかりでなく、剰余を出して国債の削減に充てられるべきこと。そして、課税は必要な歳入を調達する以外の目的に役立ってはならず、所得分配や貿易経路に及ぼす影響を

できるだけ小さくすべきである。それゆえ、結論として、課税は軽いものであるべきだとされた。所得税は、この綱領の本質的な部分だが、同様に本質的なのは、それがきわめて低いので、納税者の総支出において小さな項目を構成するに過ぎないものであるべきだということである。私たちは、この時期の社会立法——女性や子供の保護、労働時間法、工場法、社会保険、労働組合や団体交渉の承認、等々——がこれらの政策と調和するのかどうか、あるいは、それらの政策からの逸脱を意味するのかどうかという問題には立ち入ることができない。私たちは、ただ、それらの政策が欠落してはいなかったということに留意するのみである。」

シュンペーターは、「完全な資本主義」の確立以後に経済がどのように歩んでいったかについても概観しているが、経済史を知ること自体が本書の目的ではないので、ここでは割愛する。代わりに、資本主義の経済学と資本主義の将来を論じたところに彼らしい文章があるので、そこを読んでみよう[5]。

The first thing to be noticed about the capitalist process is its evolutionary character. Stationary socialism would still be socialism but stationary capitalism is impossible, is, in fact, a contradiction in terms. For the central figure on the capitalist stage, the entrepreneur, is concerned not with the *administration* of existing industrial plant and equipment but with the incessant *creation* of new plant and equipment, embodying new technologies that revolutionize existing industrial structures. This is the source of his profits, so far as they exceed interest on owned capital and the remuneration of routine management and salesmanship, as well as the typical source of private capitalist fortunes. The other sources, ownership of appreciating natural resources, especially urban land, speculation, financial piracy, and saving from current income are of but secondary importance. The financing of this activity is the essential function of bank credit, which removes from the path of the industrial innovator the requirement of ownership of capital. All the typical phenomena of capitalism, all its achievements, problems and vicissitudes, including the trade cycle, derive from this process. Nevertheless traditional theory is primarily a theory of the current management of resources.

「資本主義の過程について注目すべき第一の事実は、その進化的な特徴である。静態的な社会主義は依然として社会主義だろう。しかし、静態的な資本主義は不可能であり、実際、名辞矛盾である。なぜなら、資本主義の舞台での主役である企業家は、現存の産業上の工場や設備の管理ではなく、新しい工場や設備の絶えざる創造に関心をもっているからである。そして、そのような創造が新しい技術を具体化し、その技術が現存の産業構造を変革するのである。これが企業家利潤の源泉である。それは、利潤が所有する資本に対する利子と、

日常的経営と販売技術に対する報酬を超える限りそうであるし、同時に民間の資本家財産の典型的な源泉でもある。その他の源泉、すなわち、市場価値の上がった自然資源、とくに都会の土地の所有、投機、金融上の争奪、そして経常所得からの貯蓄は、二次的な重要性をもつに過ぎない。このような活動に資金を融通することが、銀行信用の本質的機能であり、それによって産業革新者の道筋から資本の所有者であるという必要が取り除かれるのである。資本主義に典型的な現象のすべて、すなわち、その成果、問題、栄枯盛衰（景気循環を含む）のすべては、この過程に由来する。それにもかかわらず、伝統的な理論は、主として、資源の経常的管理の理論なのである。」

次は、資本主義の将来についてだが、シュンペーターの資本主義衰退論については、拙著『英語原典で読む現代経済学』（白水社）で取り上げたので、詳しくは、その本を参照してほしい。ここでは、そのごく簡潔な要約に当たる英文を読んでみる[6]。

We observe that, as the capitalist epoch wears on, the individual leadership of the entrepreneur tends to lose in importance and to be increasingly replaced by the mechanized teamwork of specialized employees within large corporations; that the institutions and traditions that sheltered the structure of capitalism tend to wear away; that the capitalist process by its very success tends to raise the economic and political position of groups that are hostile to it; and the capitalist stratum itself, mainly owing to the decay of the bonds of family life that in turn may be traced to the "rationalizing" influence of the capitalist process, tends to lose some of the grip and part of the scheme of motivation which it formerly had.

「私たちが注視するのは以下のことである。すなわち、資本主義の時代が経過するにつれて、企業家の個人的なリーダーシップは重要性を失い、ますます大企業内部に雇われた専門家たちによる機械化されたチームワークによって取って代わられる傾向があること。資本主義の構造を保護していた制度や伝統が衰退していく傾向があること。資本主義の過程は、まさにその成功により、資本主義に敵対的な集団の経済的・政治的地位を高める傾向があること。そして、資本主義の階層それ自体が、主として家庭生活の絆の衰退（これはまた資本主義の過程の「合理化」的影響に由来するかもしれない）によって、以前にもっていた動機づけの図式の支配力や役割の一部を失う傾向があること、である。」

私は、シュンペーターのような経済学史上の巨星を勉強していくには、まず、代表的な名著を徹底的に読み込んだあと、他の諸々の論文に移っていくべきだという堅い信念をもっている。代表的な名著の精読が足りないと、短めの論文を読んだとき、その微妙なニュアンスを取り損なってしまう可能性がある。シュンペーターの代表的な名著は『経済発展の理論』であり、それを読

み終えた後でなければ個々の論文を読むべきではない。多少の誇張はあるだろうが、それは基本的に間違っていないと思う。それゆえ、本書の前半では、比較的長いページ数を割いて、『経済発展の理論』を読んできたわけである。逆にいえば、その準備ができていれば、個々の論文を読んでもほとんど引っかかりもせずに最後までいけるだろう。

　さて、私が以前から、シュンペーター経済学をより深く学ぶのに実によくできていると評価してきたのが、「資本主義の不安定性」（1928 年 9 月）と題された論文である[7]。1928 年といえば、すでに『経済発展の理論』の第 2 版（1926 年）を出した数年後であり、彼の思考は、次第に「競争的な資本主義」から「トラスト化された資本主義」へという現実経済の動きに対応して、少しずつ進化しつつある頃であった。そのような思想の進化を捉える二つの英文を読んでみよう。まずは、「競争的な資本主義」の復習から[8]。

Innovation in competitive capitalism is typically embodied in the foundation of new firms—the main lever, in fact, of the rise of industrial families; improvement is forced on the whole branch by the processes of underselling and of withdrawing from them their means of production, workmen and so on shifting to the new firms; all of which not only means a large amount of disturbance as an incident, but is also effective in bringing about the result, and to change "internal" economies into "external" ones, only *as far as* it means disturbance. The new processes do not, and generally cannot, evolve out of the old firms, but place themselves side by side with them and attack them. Furthermore, for a firm of comparatively small size, which is no power on the money market and cannot afford scientific departments or experimental production and so on, innovation in commercial or technical practice is an extremely risky and difficult thing, requiring supernormal energy and courage to embark upon. But as soon as the success is before everyone's eyes, everything is made very much easier by this very fact. It can now, with much-diminished difficulty, be copied, even improved upon, and a whole crowd invariably does copy it—which accounts for the leaps and bounds of progress as well as for setbacks, carrying in their wake not only the primary disturbance, inherent to the process, but a whole string of secondary ones and *possibilities*, although no more than possibilities, of recurrent catastrophes or crises.

「競争的な資本主義におけるイノベーションは、典型的には、新しい企業の設立によって具体的な形を与えられる——それは、実際、産業的集団の出現の主要な梃子なのである。すべての部門に改良が強いられるが、それは安売りをしたり、旧企業から生産手段や労働者などを引きあげ、それらを新企業に転用したりする過程において生じる。それらのすべては、一つの偶発的事件として大きな攪乱を意味するばかりでなく、その結果をもたらし、「内部」経済を「外部」経済に転換さ

せる（ただし、それが攪乱を意味する限りにおいてという条件付だが）のにもまた効果的である。新しい過程は、旧企業から進化しないし、一般に進化することもできないが、旧企業と並立し、それらを攻撃する。さらに、比較的小規模の企業は、金融市場で何の力ももたず、科学的部門を設立したり実験的生産などを試みたりする余裕がない。それゆえ、小企業にとっては、商業的または技術的実践におけるイノベーションは、もしそれに着手しようとすれば想像を絶するエネルギーと勇気を必要とするので、大きな危険を伴い、困難な仕事となる。しかし、イノベーションの成功が誰の目にも明らかになるや否や、まさにこの事実によって、すべてははるかに容易になされるようになる。イノベーションはいまや、困難の多くが軽減されるので、模倣できるようになり、改良さえ加えられるが、実際、群衆も全体としてそれを模倣する——それが進歩の飛躍とともに挫折の原因ともなるのである。というのは、それはその結果として、その過程に内在的な第一次的攪乱ばかりでなく、一連の第二次的攪乱やカタストロフまたは恐慌の頻発の可能性（もっとも可能性に過ぎないが）をもたらすからである。」

シュンペーターらしい息の長い文章が出てきた。ほとんど英文法通りでも訳せるが、ところどころ、工夫が要ると思う。

　例えば、出だしから数行後に、improvement is forced on the whole branch 以下の文章があるが、これを後ろから英文法通りに訳すのはかえって読みにくいので、語順の原則に立ち戻って、上

の試訳を示しておいた。

　後ろのほうの It can now で始まる英文は、最後まで続く長いものだが、これも前から後ろへ読んでいったほうが自然である。in their wake は、なぜか参考訳に「群衆の目覚めは」とあったが、おそらくここは「その結果として」という意味だろう。

　では、これが「トラスト化された資本主義」ではどうなるのか。次の英文を読んでみよう[9]。

All this is different in "trustified" capitalism. Innovation is, in this case, not any more embodied *typically* in new firms, but goes on, within the big units now existing, largely independently of individual persons. It meets with much less friction, as failure in any particular case loses its dangers, and tends to be carried out as a matter of course on the advice of specialists. Conscious policy towards demand and taking a long-time view towards investment becomes possible. Although credit creation still plays a rôle, both the power to accumulate reserves and the direct access to the money market tend to reduce the importance of this element in the life of a trust— which, incidentally, accounts for the phenomenon of prosperity coexisting with stable, or nearly stable, prices which we have had the opportunity of witnessing in the United States 1923-1926. It is easy to see that the three causes alluded to, whilst they accentuated the waves in competitive, must tend to soften them down in trustified, capitalism. Progress becomes "automatised," increasingly impersonal and decreasingly a matter of leadership and individual initiative. This amounts to a fundamental change in many respects, some of which reach far out of the sphere of things economic. It means the passing out of existence of a system of selection of leaders which had the unique characteristic that success in *rising* to a position and success in *filling* it were essentially the same thing—as were success of the firm and success of the man in charge—and its being replaced by another more akin to the principles of appointment or election, which characteristically divorce success of the concern from success of the man, and call, just as political elections do, for aptitudes in a candidate for, say, the presidency of a combine, which have little to do with the aptitudes of a good president. There is an Italian saying, "Who enters the conclave as prospective pope, will leave it as a cardinal," which well expresses what we mean. The types which rise, and the types which are kept under, in trustified society are different from what they are in a competitive society, and the change is spreading rapidly to motives, stimuli and styles of life. For our purpose, however, it is sufficient to recognise that the only fundamental cause of instability inherent to the capitalist system is losing in importance as time goes on, and may even be expected to disappear.

　「これらはすべて、「トラス化された」資本主義では異なっ

てくる。イノベーションは、この場合、もはや新企業の形に具体化されるのではなく、大部分は個々の人々から独立した、現存の大企業の単位内で進行する。イノベーションが遭遇する摩擦ははるかに少なくなる。というのは、特定の場合で失敗しても危険はなくなり、専門家のアドバイスに従って当然のことのように遂行される傾向があるからだ。需要喚起を狙った意識的な政策と、投資に対する長期的な見通しが可能となる。信用創造は依然として役割を演じているけれども、準備金を蓄積する力があり、金融市場に直接アクセスすることができるので、それによってトラストの寿命においてこの要素の重要性は減していく傾向がある——それが、ついでながら、好況が安定した、あるいはほとんど安定した物価と共存した現象を説明している。そのような現象は、私たちが1923年から1926年にかけて合衆国において観察する機会があったものである。簡単に理解できるのは、先に触れた三つの原因は、競争的資本主義では景気の波動を強めていたのだけれども、トラスト化された資本主義ではその波動を緩和する傾向があるに違いないということである。進歩は「自動化」され、ますます非人格的で、ますますリーダーシップと個人的イニシアチブの問題ではなくなっていく。これは、多くの点で根本的な変化をもたらすが、その一部は、経済的な事柄の領域をはるかに超えたところにまで及んでいる。それは、ある指導者の選抜システムの存在が消滅することを意味しているが、その選抜システムは、ある地位へと上昇するのに成功することと、それを補充するのに成功することが本質

的に同じである（例えば、その企業の成功とそれを管理している人間の成功のように）という独自の特徴をもっていた。しかし、それは、任命あるいは選挙の原理により類似した別のシステムによって取って代わられつつある。その特徴は、事業体の成功を人間の成功から分離し、ちょうど国政上の選挙がそうするように、一人のよき社長の素質とはほとんど関係がないにもかかわらず、例えば一つの企業合同の社長候補者にとっての素質を要求する。イタリアの諺に、「将来の教皇としてコンクラーベに入る者も、一人の枢機卿としてそこを去っていく」というのがあるが、それこそ私たちが考えていることをうまく表現している。トラスト化された社会で上昇する類型と下にとどまる類型は、競争的な社会における状況とは異なっており、その変化は急速に生活の動機、刺激、そして様式へと広がりつつある。しかしながら、私たちの目的にとっては、資本主義体制に内在的な不安定性の唯一の根本的原因が、時間の経過とともに重要性を失いつつあり、おそらく消滅するとさえ予想されうることを認識するだけで十分である。」

　これもシュンペーターらしい息の長い英文で、学生にいきなりこの部分を読ませてすぐに訳せといってもたぶん無理だろう。これまで何度も強調してきたように、英文法通りで訳せそうにないときは、語順の原則に従って訳していくのが無難である。一つの文章も長いので、ところどころ、適当に切ったほうがよい。このような英文は、若い研究者ならもう書く人はいないといっても過

言ではない。ただし、ドイツ語を勉強したことがあれば予想がつくだろうが、いかにも母国語がドイツ語らしい人の書いた英文だとは言えそうである。

　シュンペーター研究者なら、このような英文をたくさん読んできているはずなので、それほど違和感はないかもしれないが、この手の英文は「模範」とするには癖があり過ぎるので、一般にはすすめられない。だが、癖はあっても、研究者ならなんとか読めなければならない。それには、高校までに習う英文法だけでは、少々心許ない。拙著『英語原典で読む経済学史』や『英語原典で読む現代経済学』（ともに白水社）で述べてきたことを復習しながら、英文を読む量をできるだけたくさんこなしてほしい。それ以外に古典的名著や名論文が読めるようになる方法はない。

1　Joseph A. Schumpeter, "Capitalism," *Encyclopaedia Britannica*, 1946, vol.4, in *Essays on Entrepreneurs, Innovations, Business Cycles, and the Evolution of Capitalism*, edited by Richard V. Clemence, with a new introduction by Richard Swedberg, Transactions Publishers, 1989.

2　*Ibid.*, p.189.

3　*Ibid.*, p.191.

4　*Ibid.*, pp.192-193.

5　*Ibid.*, pp.198-199.

6　*Ibid.*, pp.207-208.

7　Joseph A. Schumpeter, "The Instability of Capitalism," *Economic Journal*, September 1928, in *Essays on Entrepreneurs, Innovations, Business Cycles, and the Evolution of Capitalism*, op.cit., pp.47-72.

8　*Ibid.*, p.70.

9　*Ibid.*, pp.70-71.

参考訳 ▮▮▮▮▮▮▮▮▮▮▮▮▮▮▮▮▮

シュムペーター『今日における社会主義の可能性』大野
忠男訳（創文社、改題増補第 2 版、1977 年）

J・A・シュンペーター『資本主義は生きのびるか：経済
社会学論集』八木紀一郎編訳（名古屋大学出版会、2001
年）

第 11 章

ケインズへの尊敬と羨望

本書もようやく佳境に入ってきたが、最後に、生涯のライバルであったケインズとの関係を扱わねばならないだろう。二人は 20 世紀経済学の天才と称賛されてきたわけだが、残念ながら、お互いに相手の理論や思想から学び合うということはほとんどなかった。もっとも、ケインズのシュンペーター評が短い言及のような例外を除いて残っていないのに対して、シュンペーターは、書評や学説史の本のなかで、ケインズの理論や政策などをある程度詳しく論評している。その論調はたぶんに批判的ではあるが、それはシュンペーターがケインズの天才を評価しなかったからではない。むしろ、シュンペーターはケインズの天賦の才能を「嫉妬」するほど高く評価していたがゆえに、彼の著作を真剣に読み、それに対する批判的な論評を残したというほうが当たっているのではないか。

　シュンペーターは、ケインズが『貨幣論』（全 2 巻、1930 年）を出版したとき、自分が準備していた貨幣論に関する著作の完成がそれに間に合わなかったことを嘆き、結局、その本の執筆を断念した経緯がある（死後かなり年月が経って、1970 年、『貨幣の本質』と題して出版されたが、ケインズの『貨幣論』と比較すると、叙述の明解さや理論の完成度の点で見劣りがするというのが大方の評価である。私も同意する）。この事実は、いまではよく知られているので、

海外で出版されたシュンペーターの評伝や、私が以前に書いた本でも広く紹介されている。

　ケインズは、『貨幣論』の出版後まもなく、その本の思考法から離れて、『一般理論』の完成へと進んでいったが、一部のケインズ研究者や金融論専攻の学者のあいだでは、いまでも『貨幣論』を『一般理論』よりも高く評価する意見が根強い。理由はいろいろあるだろうが（『貨幣論』 *A Treatise on Money* というタイトルに表れているように貨幣に関する体系的著作であるとか、『一般理論』を超えてのちのポスト・ケインズ派につながる視点があるとか、等々）、どうやらシュンペーターも、『貨幣論』を『一般理論』と比較しても、決して低くない評価を下していたふしがある[1]。

　だが、シュンペーターは、ケインズの生涯にわたる仕事を俯瞰した上で、初期の『平和の経済的帰結』にすでに表れていた「経済停滞」のヴィジョンを見事に一つの整然としたモデルにまで昇華したのは『一般理論』であったと解釈している。シュンペーターは、それに成功したケインズの天賦の才能を確かに羨んでいた。次の英文は、ケインズの名前こそ出てこないが、ケインズの『一般理論』を指していることは明白である[2]。

The highest ambition an economist can entertain who believes in the scientific character of economics would be fulfilled as soon as he succeeded in constructing a simple model displaying all the essential features of the economic process by means of a reasonably small number of equations connecting a reasonably small number of variables.

「経済学の科学的性質を信じる経済学者が心に抱く最高の願望が成就するのは、次の瞬間だろう。すなわち、彼が、経済過程の本質的特徴をすべて表現する単純なモデルを、少数の適当な数の変数を関連づける、少数の適当な数の方程式によって構築することに成功したときだと。」

シュンペーターの『経済発展の理論』は、資本主義の本質を企業家によるイノベーションの遂行のなかに見出した名著だったが、このようなタイプのモデルを提示したものではなかった。彼は、自分に数学や数理統計学などの素養が不足していることを十分に意識しており、晩年に至るまで懸命に努力してそれらを修得しようとしていた形跡があるが、結局、それらを使いこなすまでにはなれなかった。

晩年、彼はハーヴァード大学で教鞭をとったが、ポール・A・サムエルソンを初めとする有能な弟子たちが『一般理論』刊行後ほとんどすべてケインジアンになっていくのを目撃して、内心、複雑な思いに駆られたに違いない。企業家のイノベーションをモデル化するのは、今日でもかなり高度な数学を必要とするが（その多くは、必ずしも彼の思想に忠実にモデル化されたものとは言えない）、ケインズの「経済停滞」のヴィジョンのモデル化は、経済学部の一年生でも知っている投資・貯蓄による国民所得決定論を知っていれば、簡単に理解することができる。例えば、ケインズの『一般理論』に出てくる次の英文を読んでみよう[3]。

Moreover the richer the community, the wider will tend to be the gap between its actual and its potential production; and therefore the more obvious and outrageous the defects of the economic system. For a poor community will be prone to consume by far the greater part of its output, so that a very modest measure of investment will be sufficient to provide full employment; whereas a wealthy community will have to discover much ampler opportunities for investment if the saving propensities of its wealthier members are to be compatible with the employment of its poorer members. If in a potentially wealthy community the inducement to invest is weak, then, in spite of its potential wealth, the working of the principle of effective demand will compel it to reduce its actual output, until, in spite of its potential wealth, it has become so poor that its surplus over its consumption is sufficiently diminished to correspond to the weakness of the inducement to invest.

「さらに、社会が豊かになればなるほど、現実の生産と潜在的な生産のあいだのギャップがより大きくなる傾向があり、したがって、経済体系の欠陥もますます明白かつ法外なものになる。なぜなら、貧しい社会はその産出量のはるかに大きな割合を消費する傾向があるので、ごく限られた量の投資があれば、完全雇用をもたらすのに十分であるのに対して、豊かな社会は、その社会のより豊かな人々の貯蓄性向がより貧しい人々の雇用と両立するには、はるかに大きな投資機会を

発見しなければならないからである。もし潜在的に豊かな社会において、投資誘因が弱いならば、その潜在的な富にもかかわらず、有効需要の原理の作用によって、その社会の現実の産出量は削減を強いられ、ついに、その潜在的な富にもかかわらず、その社会はきわめて貧しくなり、消費を超える余剰は、投資誘因の弱さにちょうど対応するところまで減少することになる。」

　ケインズ革命の成果は、第二次世界大戦後、サムエルソンの有名な教科書（45度線モデルによる国民所得決定理論やIS/LMによる国民所得と利子率の同時決定）を通じて広く社会に普及していったが、シュンペーターの理論は、例外を除いて、それを発展させようとする理論家は現れなかった[4]。

　想起すべきは、そもそも、シュンペーターが、「発展」とは、単なる量的拡大を意味する「成長」とは違うことを強調していたことである。戦後に流行した経済成長理論（それはケインズ経済学の「長期化」または「動学化」として始まった）では、貯蓄率の変化や人口の増加などがモデルに登場したが、それらは彼流にいえば「静態」理論によって処理される問題であった。そうではなく、経済を飛躍的に、質的にも向上したものに引き上げるのが企業家によるイノベーションの遂行であり、「動態」理論はまさにそれを中心に据えなければならないのである。

　シュンペーターは、若い頃から、アダム・スミスの古典派からアルフレッド・マーシャルの新古典派（それこそまさに経済学の正統の流れである）に至るまでに、経済が連続的に進化していくと

いうヴィジョンが経済学を支配していると考えていた。彼は、とくにマーシャルを念頭に置いて、「有機的成長」のヴィジョンと呼んでいるが、シュンペーターの経済発展のヴィジョンとの違いを知るためにも次の英文を読んでみよう[5]。

In the Smith-Mill-Marshall theory, the economy grows like a tree. This process is no doubt exposed to disturbances by external factors that are not economic or not strictly so. But in itself it proceeds steadily and continuously, each situation grows out of the preceding one in a uniquely determined way, and the individuals, whose acts combine to produce each situation, count individually for no more than do the individual cells of the tree. This passivity of response to given stimuli extends in particular to accumulation of "capital": in a mechanical way, households and films save and invest what they have saved in given investment opportunities. The same passivity of response is also implied in many historical descriptions of the development of countries or industries: they are descriptions of objective opportunities created, perhaps by protective duties, victorious wars, discoveries, or "inventions"; and it is tacitly assumed that people react to them in a uniquely determined manner than can be taken for granted and does not offer any problems. I submit that this is not so and that response to objective opportunity is not uniquely determined and cannot be predicted: accumulation or investment may indeed be on existing lines, but it also may create something entirely new; response to a protective tariff may indeed consist in expanding production (at higher prices) on existing lines, but it also may consist in complete reorganization of the industrial structure on new lines; a victorious war may have no other consequence than that the victorious country exploits a conquered colony just as the vanquished country had done before, but it also may result in making something new of the colony; and so on. I suggest that we take account of this by recognizing two, instead of only one, types of responses and that we may label them, respectively, adaptive and creative. I further suggest that we have no choice but to admit that, from our information in the observed situation before the fact (of creative response), we cannot foresee it, and that thus an element of indeterminateness inevitably enters the analysis of economic growth whenever there is creative response. We may bring this element within the range of our list of factors of growth by observing that it links up with "quality of the human material" and in particular with "quality of leading personnel." And since creative response means, in the economic sphere, simply the combination of existing productive resources in new ways or for new purposes, and since this function defines the economic type that we call the entrepreneur, we may reformulate the above suggestions by saying that we should recognize the importance of, and systematically inquire into, entrepreneurship as a factor of economic growth.

「スミス＝ミル＝マーシャルの理論においては、経済は樹木のように成長する。この過程は、疑いもなく、経済的でない、または厳密にはそうではない外部の要因による攪乱にさらされている。しかし、それ自体は絶え間なく連続的に進行し、それぞれの状況はその前のものから唯一の確定した方法で生まれてくる。そして、諸個人は、その行為の結合によってそれぞれの状況を生み出すのだが、その重要性は、個別的には、樹木の個々の細胞のそれと同じに過ぎない。このような与えられた刺激に対する反応の受動性は、とくに「資本」の蓄積にまで及んでいる。すなわち、機械的な方法で、家計や企業は貯蓄し、過去に貯蓄したものを与えられた投資機会に投資するのである。同じような反応の受動性は、国や産業の発展に関する歴史的叙述の多くにも含まれている。すなわち、それらは、おそらくは保護関税、戦勝、発見、または「発明」によって創造された実在の機会についての叙述である。しかも、暗黙に想定されているのは、人々は、それらを当然のことと受けとるというよりは、それらに唯一の確定された方法で反応するので、何も問題を引き起こさないということである。私は、これは正しくはなく、実在の機会に対する反応は、一意的に決定されず、予測されうるものではないという見解を提示したい。すなわち、蓄積や投資は、実際、現在の軌道上を進んでいるかもしれないが、それはまた全く新しい何かを創り出すかもしれない。保護関税に対する反応は、実際、

現在の軌道に沿って（より高い価格で）生産を拡大することに
あるかもしれないが、それはまた新たな軌道上に産業構造を
完全に再編することにあるかもしれない。戦勝は、征服した
国が以前そうしたように、戦勝国が征服した植民地を搾取す
る以外の帰結をもたらさないかもしれないが、それはまた植
民地から何か新しいものをつくる成果をもたらすかもしれな
い。等々。私はこう提案したい。私たちは以上を、ただ一つ
ではなく、二つの反応に対する類型を認めることによって適
切に考慮できること。そして、その二つをそれぞれ、適応的
反応および創造的反応と呼ぶことができると。さらにこうも
提案したい。私たちは、（創造的反応の）事実以前に観察され
た状況における情報から、私たちはそれを予見できないとい
うことを認める以外に選択肢がないこと。それゆえ、不確定
性という要因が、創造的反応があるときにはいつでも、経済
成長の分析に不可避的に入ってくるのだと。私たちはこの要
因を、「人間の資質」、とくに「指導的人間の資質」との関連
を観察することによって、一組の成長要因のリスト内に収め
ることはできるだろう。しかし、創造的反応とは、経済の領
域においては、簡潔にいえば、現存の生産資源を新しい方法
または新しい目的のために結合することを意味しており、し
かもこの機能が企業家と呼ばれる経済的類型を規定している
のだから、私たちは、以上の提案をこう言って再定式化する
ことができよう。すなわち、私たちは、経済成長の要因とし
ての企業家精神の重要性を認識し、それを体系的に研究すべ
きであると。」

前に出てきた英文ほどではないが、やはり長めであることには変わりない。ただし、難度はそれほど高くないので、これくらいの英文は読めてほしい。

すでに何度も強調してきたことだが、最初のほうにある英文（and the individuals, whose acts combine to produce each situation, count individually for no more than do the individual cells of the tree.）は、前から後ろに読んでいったほうが自然に訳せると思う。英米人の頭はそうなっているはずだが、外国語として英語を学ぶ私たちは、ある程度意識的にそのように心がけなければ、いつまでも身につかないだろう。

シュンペーターは、ケインズ革命が経済学界を席捲したあと、経済理論の分野から次第に離れ、晩年は、『資本主義・社会主義・民主主義』（初版は1942年）に代表されるような経済社会学の仕事にシフトしていった。研究者のなかには、故塩野谷祐一氏のように、経済社会学と1920年代の彼の仕事（ドイツ歴史学派とのつながりがうかがえるような論文）とが連続しており、この領域においてこそシュンペーターの本領が発揮されたのだと主張する者もある[6]。確かに、シュンペーターは、歴史に通暁し、社会学の論文も書いたような博覧強記の人であり、経済社会学者としても十分に通用したと思う。だが、彼を第一に経済社会学者として評価する解釈には賛成できない。その理由は、本書の前半で『経済発展の理論』を英文で読んできた読者には自明かもしれないが、晩年の彼の文章のなかに、多少の誤解を招いたものがあったことは否定できない。

私の基本的な解釈はこうである。シュンペーターの『経済発展の理論』は、「発展のメカニズム」を解明した理論の書であった。私はいまでもこの本が彼の最高傑作だと思っている。シュンペーターは、のちに、それを統計と歴史によって「拡充」した大作『景気循環論』（全2巻、1939年）によって学界の頂点に立つはずだった（「理論」が先にあって、「統計」や「歴史」によってそれを拡充しようとしたのであり、歴史学派のように後者が優先されているわけではない）。だが、残念ながら、その本は、ケインズ以後に急速に発展した数理・計量経済学の水準からみて、学界に受け容れられなかった。アメリカにおけるケインズ革命の震源地になったハーヴァード大学でも、彼は次第に孤立していったが、意外にも啓蒙書の形で書いた『資本主義・社会主義・民主主義』が一般の読者にも好評だった。だが、彼は、この分野での仕事が、将来、自分の代表作として評価されることを決して望んでいなかった。それにもかかわらず、世の中は経済理論家としてはシュンペーターよりもケインズのほうを上位に置いた。彼の落胆ぶりは想像にあまりある。そのせいか、晩年は、歴史的研究や経済社会学の範疇に入るような文章を時々書くようになったのだが、それらの仕事が質的にどれだけ高くとも、それを中心にシュンペーター全体の思想をみたのでは、彼が理論家として最高の才能を発揮した20代の仕事の意義が曖昧になってしまう。その例示として、以下、歴史的研究に傾斜したかのような英文を読んでみようと思うのだが、それは「理論」をおいてまでも歴史を重視せよという意味では決してない。この点を再度繰り返しておきたい。

　次の英文は、アーサー・H・コールの示唆で1946年に書かれ

た文章（「企業家精神の研究のためのプランへのコメント」）からの引用だが、以前は、その短いバージョンが「経済史における創造的反応」（1947 年）と題する論文として知られていた[7]。

A satisfactory analysis of economic change—to avoid the colored word "progress"—can only be achieved by historical work. For the economic historian, even when description of a state is his immediate object, it is natural to look upon economic life as a process of change and to make his main theme out of what theorists touch but perfunctorily. Much more important is it, however, that historical work alone can furnish material from which to arrive at scientifically reliable propositions about economic change and, therefore, about entrepreneurship. A severely limited number of facts of common experience may suffice in order to build the organon of economic logic usually referred to as "theory." Even our dubious friend, the economic man, may render useful service in a field the main propositions of which can be reduced to maximum and minimum problems. But beyond this we need more than that if we are to see the true shape of our phenomena. Entrepreneurs are certainly not economic men in the theoretical sense. What they really are, how they really work, what it is that conditions their performance and their failures, how they in turn help to shape the conditions under which they work, and, above all, whether any significant generalizations may be made about all this, can be gleaned from history alone. The relation between historical and theoretical work varies widely from one type or field of economic inquiry to another. In our case the theory itself is historical in nature. Considering how much of our understanding of capitalist reality depends upon correct answers to those questions, the importance of Cole's suggestion cannot be emphasized too strongly. It may result in a new wing being added to the economist's house.

「経済変化——進歩という言葉は潤色されているので避けよう——の満足な分析は、歴史的研究によってのみ達成されうる。経済史家にとっては、ある状態の叙述が彼の直接の目的であるときでさえ、経済生活を変化の過程として捉え、理論家が通り一遍に触れるに過ぎないことから彼の主題を引き出すことが自然である。しかしながら、はるかにもっと重要なのは、歴史的研究のみが素材を提供し、そこから経済変化、それゆえ企業家精神について科学的に信頼のできる命題に到達することができるということである。厳密に制限された数の一般的経験についての事実があれば、ふつうは「理論」として言及される経済論理の考察法を打ち立てるには十分かもしれない。私たちの疑わしい友である経済人でさえ、その主要な命題が最大化と最小化の問題に還元されうる領域においては、有用な役割を果たすかもしれない。しかし、これを超えて、私たちが対象とする現象の真の姿を確かめたいならば、それ以上のものが必要である。企業家は、たしかに、理論的

な意味での経済人ではない。企業家とは実際には何なのか、彼らは現実にはどのように仕事をしているのか、彼らの成果と失敗を左右するものは何か、彼らは自分たちが仕事をする条件を今度はいかにして形成するのに役立つのか、そして何よりも、これらすべてに関する意味のある一般化をすることができるのかどうかは、歴史からのみ探り出すことができるのである。歴史的研究と理論的研究のあいだの関係は、経済研究の類型や分野ごとに次々と大きく変化する。私たちの場合では、理論それ自体が本質的に歴史的なものである。資本主義の現実についての私たちの理解のどれだけ多くがそれらの問題に対する正しい解答に依存しているかを考慮すると、コールの示唆の重要性は、どれだけ強力に強調してもし過ぎることはできない。それは、経済学者の家に新しい翼を追加するような成果をもたらすかもしれない。」

　この英文は、もはや繰り返すまでもなく、経済理論の役割を否定する趣旨で書かれたのではなく、ただ理論と歴史のあいだの関係は研究対象によって変化するので、どちらにどれだけの比重を置くべきかは慎重に検討しなければならないと言っているに過ぎない。もっと言えば、この文章は、ハーヴァード大学に企業家史学研究センターが設立されるのを応援するために書かれたものなので、若干、歴史のほうの比重が大きくなっているだけである。研究者は、当然だが、自分がいま読んでいる文章がどのような文脈で書かれたのかを慎重に見極める訓練をしなければならない。その意味で遺憾なのは、学者や研究者が依拠すべきではない

あの Wikipedia を引くと、シュンペーターが「歴史学派」に分類されていることである。これが的外れであることは、もはや本書の読者に繰り返す必要はないだろう。

1 例えば、シュンペーターは、ケインズ追悼論文のなかで、次のように述べている。「『貨幣論』は、言葉の通常の意味では、失敗作ではなかった。」(The *Treatise* was not a failure in any ordinary sense of the word.)
Joseph A. Schumpeter, "John Maynard Keynes 1883-1946," *American Economic Review*, vol.36, no.4 (September 1946), p.508.

2 Joseph A. Schumpeter, "The Decade of the Twenties," *American Economic Review Supplement*, May 1946, in *Essays on Entrepreneurs, Innovations, Business Cycles, and the Evolution of Capitalism*, edited by Richard V. Clemence, with a new introduction by Richard Swedberg, Transaction Publishers, 1989, p.213.

3 *The Collected Writings of John Maynard Keynes*, vol. VII : *The General Theory of Employment, Interest and Money*, Cambridge University Press, 2013, p.31.

4 例外として、リチャード・M・グッドウィンは、循環と成長を関連づけた「シュンペーター風」のモデルを提示して、一時期、わが国でも議論された。
Richard M. Goodwin, *Essays in Economic Dynamics*, Palgrave Macmillan, 1982.
だが、「成長」と「発展」とは違うと言い続けたシュンペーターの意にかなっているかどうかはわからない。それにもかかわらず、有効需要とイノベーションをなんとか組み込もうとした 1950 年代から現在までの一連の論文を読むと、シュンペーター研究家も

このような試みにもっと積極的に反応したほうがよかったのではないかと思う。

ごく最近になって、吉川洋氏が「有効需要とイノベーションの好循環」という視点から「ケインズとシュンペーターの総合」を掲げるようになったが（『いまこそ、ケインズとシュンペーターに学べ：有効需要とイノベーションの経済学』ダイヤモンド社、2009年、同『マクロ経済学の再構築：ケインズとシュンペーター』岩波書店、2020年）、長い空白のあと、このような流れが続くことを期待したい。

5 Joseph A. Schumpeter, "Theoretical Problems of Economic Growth," *Journal of Economic History Supplement*, 1947, in *Essays on Entrepreneurs, Innovations, Business Cycles, and the Evolution of Capitalism*, op.cit., pp.238-239.

6 この立場では、やはり、塩野谷祐一『シュンペーター的思考』（東洋経済新報社、1995年）がいまでも精読に値する名著である。

7 Joseph A. Schumpeter, "Comments on a Plan for the Study of Entrepreneurship," in *The Economics and Sociology of Capitalism*, edited by Richard Swedberg, Princeton University Press, 1991, p.408. 残念ながら、参考訳には、以下の英文の訳が欠落している。

how they in turn help to shape the conditions under which they work

参考訳

シュンペーター『景気循環分析への歴史的接近』金指基編訳（八朔社、1991年）

『ケインズ全集第7巻：雇用・利子および貨幣の一般理論』塩野谷祐一訳（東洋経済新報社、1983年）

J・A・シュンペーター『資本主義は生きのびるか：経済社会学論集』八木紀一郎監訳（名古屋大学出版会、2001年）

あとがき

　学生時代、清水幾太郎先生の研究室にときにお邪魔していた頃、私は先生の語学力のセンスの良さに圧倒されたものだった（清水先生との交流については、拙著『経済学者の勉強術』人文書院、2019年を参照）。どのような勉強をしたらあのように洋書がスピード感をもって読めるようになるのか、途方に暮れたものだ。

　だが、「学問に王道なし」と言われるように、どうしても原語で読みたい本があれば、焦らず、時間をかけて、毎日毎日修練する以外に方法はない。悩む暇があればもっと勉強したほうがよいと気づいた頃には、少しずつスピーディーに原書が読めるようになり、大学を出る頃には、本棚いっぱいの洋書が貯まるくらいになった。これは何物にも替えがたい私の財産である。

　この「あとがき」を書いている現在、私はwebふらんすで「1日1文　経済学の名言」と題する連載をしているのだが、音声解説を付けているせいか、昔の教え子や知人などが聴いてくれており、けっこう楽しみながら連載を続けている。

https://webfrance.hakusuisha.co.jp/

　語学物は本書で終わりかと思っていたが、連載を続けている以上、それをまとめるのも私の責務だと思っている。

2019 年の終わりから 2020 年にかけては、母の他界や新型コロナウイルス感染症のパンデミックなど身内や周囲や世界が目まぐるしく変化し、慌ただしい毎日を過ごすことも多かったが、2021 年こそは、コロナ禍への世間の過剰な反応も鎮まり、日本や世界が平静を取り戻す方向に好転してほしいと願っている。

　最後になったが、本書の装画と装幀を担当して下ったのは、山内有記美さんとコバヤシタケシさんのお二人である。白水社から『定本　現代イギリス経済学の群像：正統から異端へ』を出したときも、同じコンビで綺麗な本を作って下さった。厚くお礼申し上げる。

2020 年 11 月 30 日

京都にて　根井雅弘

根井雅弘（ねい・まさひろ）

1962年生まれ。1985年早稲田大学政治経済学部経済学科卒業。1990年京都大学大学院経済学研究科博士課程修了。経済学博士。現在、京都大学大学院経済学研究科教授。専門は現代経済思想史。『定本　現代イギリス経済学の群像』（白水社）、『経済学の歴史』、『経済学再入門』（以上、講談社学術文庫）、『ガルブレイス』、『ケインズを読み直す』、『英語原典で読む経済学史』、『英語原典で読む現代経済学』（以上、白水社）、『経済学者の勉強術』、『現代経済思想史講義』（以上、人文書院）、『今こそ読みたいガルブレイス』（集英社インターナショナル新書）他。

英語原典で読むシュンペーター

2021年1月20日　印刷
2021年2月10日　発行

著　者 ©　　根　井　雅　弘
発行者　　　及　川　直　志
印刷・製本　図書印刷株式会社

発行所　101-0052東京都千代田区神田小川町3の24
電話 03-3291-7811（営業部）, 7821（編集部）
www.hakusuisha.co.jp
乱丁・落丁本は、送料小社負担にてお取り替えいたします。

株式会社白水社

振替 00190-5-33228　　　　Printed in Japan

ISBN978-4-560-09820-2

白水社の本

■根井雅弘

英語原典で読む経済学史

根井ゼミへようこそ！ アダム・スミスからケインズまで、英語原典に直に触れながら経済学の歴史を学ぶ、はじめての経済学史講義！

■根井雅弘

英語原典で読む現代経済学

E・H・カー・ハイエクからフリードマン・ガルブレイスまで、英語原典に直に触れながら経済学を学ぶ、人気講義の第二弾！

■根井雅弘

定本 現代イギリス経済学の群像
正統から異端へ

社会主義がベルリンの壁とともに崩れた一九八九年、現代経済学の起源を米主流派ではなく英ケンブリッジ学派に見出した記念碑的著作。

■根井雅弘

ケインズを読み直す
入門 現代経済思想

この時代を生き抜くための経済学入門の決定版！ 英語原文でケインズに触れるコラムや関係する経済学者列伝も収録。

■根井雅弘

ガルブレイス
異端派経済学者の肖像

経済危機の深まりと没後十年で再注目。「拮抗力」「依存効果」「社会的アンバランス」「テクノストラクチャー」など新概念で資本主義の本質に迫ろうとした異端派の肖像。

■ジョン・K・ガルブレイス

アメリカの資本主義

新川健三郎 訳

「巨大かつ強力な市場支配にいかに対峙すべきか？」チェーンストアや生協、労組に「拮抗力」を見出した異端派経済学者の輝ける出発点。